Mentor-Lernhilfe
Band 11

Grammatik für die 4. Klasse

In 33 Tagen
Wort- und Satzbaumeister

Von Dr. Hans Gärtner
und Dr. Dieter Marenbach

Mentor Verlag München

Quellenhinweis: ① „Ein schlechter Schüler machtete Unsinn“ von Bruno Horst Bull aus „Eine Katze ging ins Wirtshaus“, Heyne-Verlag ② Rätselspruch von Bruno Horst Bull aus „Lesebuch 2“, Ehrenwirth-Verlag ③ „Das ist die Erde“ von Elisabeth Borchers aus „Die Stadt der Kinder“, Beltz & Gelberg Verlag ④ Bayerisch-österreichische Schimpfwörter von Reinhold Aman aus „Bayerisch-österreichisches Schimpfwörterbuch, Goldmann-Verlag

Dieser Band enthält den gesamten Grammatikstoff der Grundschule (1.–4. Schuljahr).
Illustrationen: Sabine Schiel-Richter
Schreibschrift: Gloria Hannig

Auflage: 5. 4. 3. 2. 1. | Letzte Zahlen
Jahr: 1986 85 84 83 82 | maßgeblich

Druck: Druckhaus Langenscheidt, Berlin
Printed in Germany. ISBN 3-580-64110-7

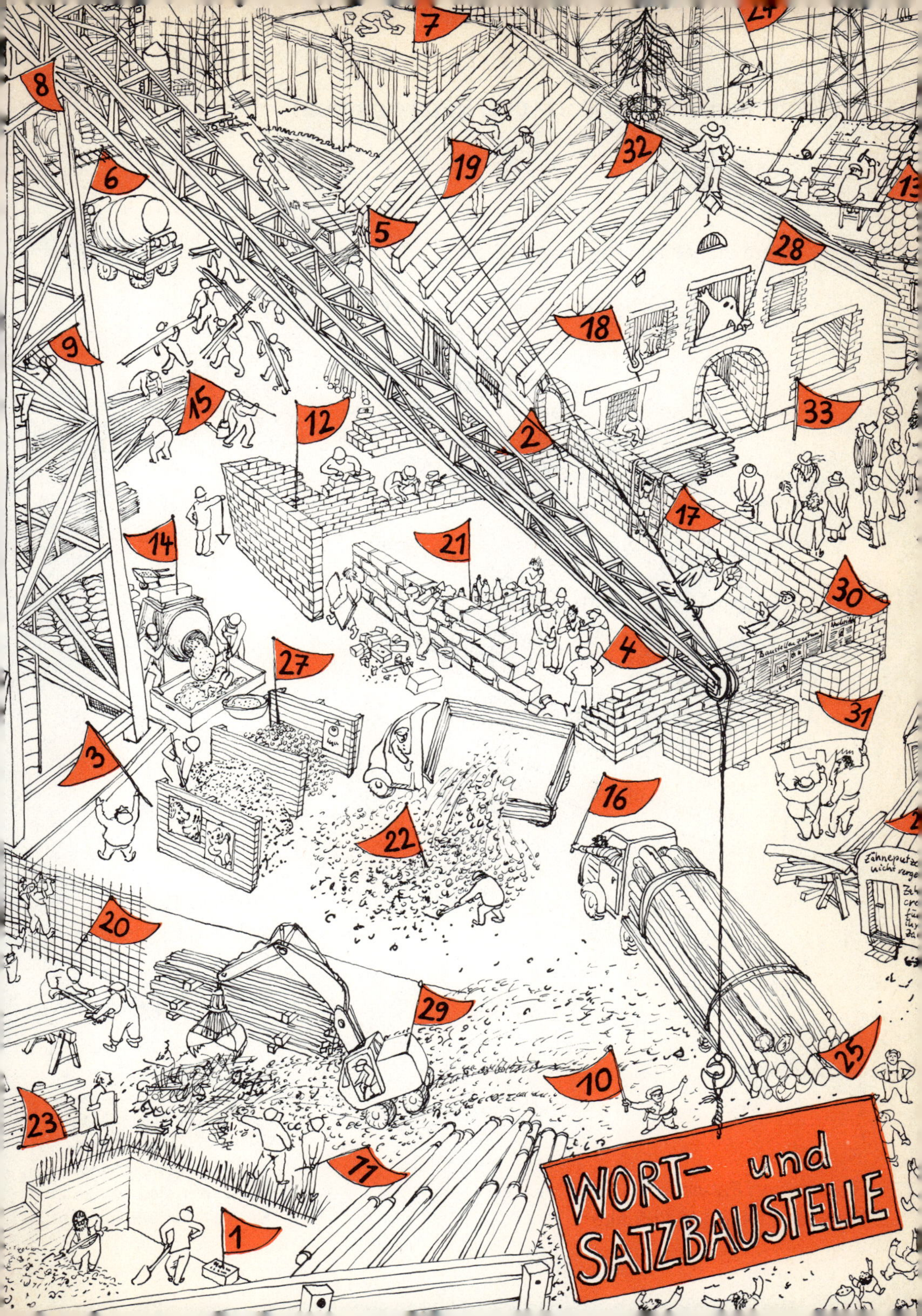
WORT- und
SATZBAUSTELLE
1
2
3
4
5
6
7
8
9
10
11
12
13
14
15
16
17
18
19
20
21
22
23
25
27
28
29
30
31
32
33

Willkommen auf der Wort- und Satzbaustelle!

Unter einem Ziegelstein liegt dieses Blatt:

Willkommen auf der Wort- und Satzbaustelle!
Hier wirst du in die Geheimnisse eingeweiht,
wie man mit Wörtern und Sätzen
der deutschen Sprache richtig umgeht.
Wer es zum Wort- und Satzbaumeister bringen will,
muß tüchtig zupacken.
Dazu hast du 33 Tage Zeit.
Jeden Tag mußt du mehrere Aufgaben übernehmen.
Du schaffst es bestimmt,
wenn du dich an die Regeln hältst.
Wer durchhält, kann Punkte sammeln
und darf sich am Schluß
Wort- und Satzbaumeister nennen.
Viel Spaß bei der Bauarbeit!

Die Eule Tipsi
gibt dir 33 Tage lang
Tips.

Tip 1

Jeder Mensch hat einen Namen, seinen Eigennamen. Eigennamen sind Namenwörter. Man sagt auch: Hauptwörter, Substantive.

Beim ersten Fähnchen
findest du folgende Aufgaben.

1 Ergänze die Bautafel.
Jeder soll einen passenden Namen bekommen.
Die Namen stehen in der Wörterliste.
Beachte Tip 1.

Neubau einer Grundschule
in Eulenhausen

Architekt: Paul Planer*

Baumeister: ______

Heizungsmonteur: ______

Maler: ______

Installateur: ______

Schreiner: ______

Zimmermann: ______

Elektriker: ______

Glaser: ______

Fliesenleger: ______

Karl Klecksel · Hans Hobel · Rudi Rohr · Franz Fuger · Berthold Balk · Heinz Hitzig · Leo Lichtlein · Paul Planer · Konrad Klirr · Otto Oberbauer

* **Am Anfang vieler Aufgaben steht schon ein Beispiel. Es ist farbig geschrieben, damit es dir auffällt.**

2 Suche auf den Briefbogen die Eigennamen und ordne sie richtig zu.
Beachte Tip 2.

Tip 2

Menschen haben Vornamen und Familiennamen. Es sind Eigennamen. Auch Flüsse, Ortschaften, Straßen und Länder haben Eigennamen.

Vornamen	Familiennamen	Ortsnamen

Straßennamen	Flußnamen

Tip 3

**Auch Dinge haben Namen. Fachleute verwenden Fachbegriffe.
Man muß die Fachsprache kennen, um Bescheid zu wissen.**

3 Was die Bauarbeiter sagen, versteht Max falsch. Schreibe die Fachbegriffe neben die Bilder auf Seite 8.
Beachte Tip 3.

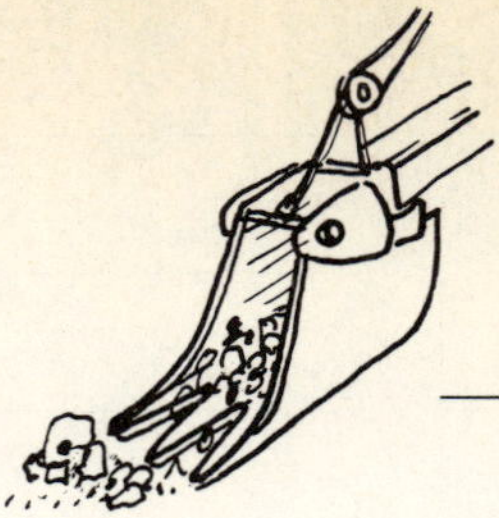

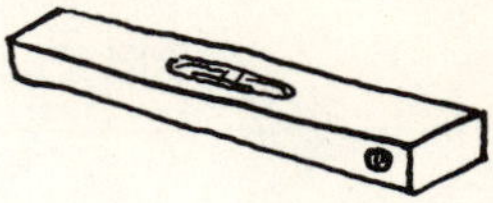

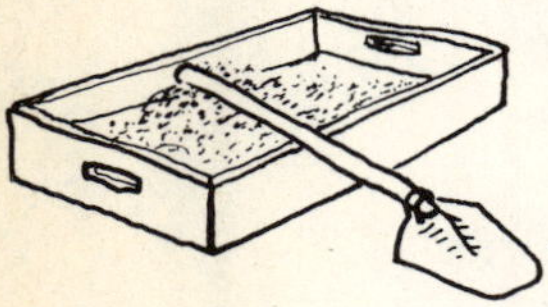

Tip 4

Namenwörter können in der Einzahl oder in der Mehrzahl vorkommen. Manche Namenwörter kommen nur in der Mehrzahl vor (z. B.: Möbel). Manche Namenwörter kommen nur in der Einzahl vor (z. B.: Regen).

4 Trage die Namenwörter aus den folgenden Sätzen in die richtige Spalte ein.
Ergänze, wenn möglich, die fehlende Form.
Beachte Tip 4.

- Das Dach muß gegen Regen und Schnee geschützt sein.
- Die Eltern wollen in den Ferien ins neue Haus einziehen.
- Die Möbel für die Küche kosten eine Menge Geld.

Einzahl	Mehrzahl
Dach	Dächer

5 Schreibe zu jedem Namenwort die fehlende Form mit dem richtigen Begleiter.
Unterstreiche jeweils, was sich in der Mehrzahlform verändert hat.
Beachte Tip 5.

Tip 5

Namenwörter haben Begleiter: der, die, das (bestimmte Begleiter); ein, eine (unbestimmte Begleiter). Diese Begleiter heißen auch Artikel.
Bei manchen Namenwörtern kann man nur am Begleiter erkennen, ob sie in der Einzahl oder in der Mehrzahl stehen.

Einzahl	Mehrzahl
der Löffel	die Löffel
	die Schüsseln
	die Fenster
der Pinsel	
die Kartoffel	
	die Gärtner
das Gitter	
	die Arbeiter
das Buch	
der Baumeister	

6 Unterstreiche alle Namenwörter,
die keine Lebewesen und Gegenstände benennen.
Beachte Tip 6.

Tip 6

Namenwörter benennen nicht nur Lebewesen und Gegenstände, sondern auch Gedankendinge (z. B. Gefühle, Eigenschaften, Zeitangaben).

Wegen des schlimmen Traumes in der letzten Nacht fand das Kind fast eine Stunde lang keinen Schlaf. Es lag wach im Bett. In der Dunkelheit bekamen die Schatten an der Wand gräßliche Gesichter. Vor Angst kroch das Kind unter die Decke. Das Herz klopfte ihm bis zum Hals. Schreckliche Gedanken kamen ihm in den Sinn. Doch schließlich siegte die Müdigkeit über die Furcht. Das Kind steckte den Kopf in die Kissen und schlief nach wenigen Minuten wieder ein.

7 Setze passende Namenwörter in die Lücken der Sprichwörter.
Alle Namenwörter findest du im Buchstabenkasten auf Seite 11 versteckt.
Benütze Schreibschrift.
Beachte Tip 6.

(1) Lügen haben kurze Beine.

(2) ____________ ist der beste Koch.

(3) Ein ____________ kommt selten allein.

(4) In der ____________ frißt der Teufel Fliegen.

(5) ________________________ hat Gold im Mund.

(6) Man soll den ____________ nicht vor dem ____________ loben.

(7) Ohne __________ kein Preis.

(8) ____________ kommt vor dem Fall.

(9) Scherben bringen ____________.

(10) ____________________ tut selten gut.

F	X	A	T	P	L	Ü	G	E	N	W	T	F	K	E	W	H	A
K	I	U	N	S	T	B	S	K	O	A	Z	R	H	N	I	J	B
U	R	N	I	K	N	E	P	I	L	M	A	N	U	R	S	O	E
T	I	G	L	M	O	R	G	E	N	S	T	U	N	D	T	S	N
M	R	L	A	C	T	M	Ä	H	R	A	N	N	G	Ü	B	M	D
G	L	Ü	C	K	B	U	L	T	I	K	F	L	E	I	S	S	G
H	O	C	H	M	U	T	N	A	N	I	L	G	R	U	W	L	A
C	P	K	M	L	I	Z	U	G	L	E	M	S	P	F	I	L	T

Vergleiche jetzt mit dem Lösungsheft S. 4.
Schreibe dir hier deine Punkte gut

2 Möbel, Spielzeug, Lebensmittel

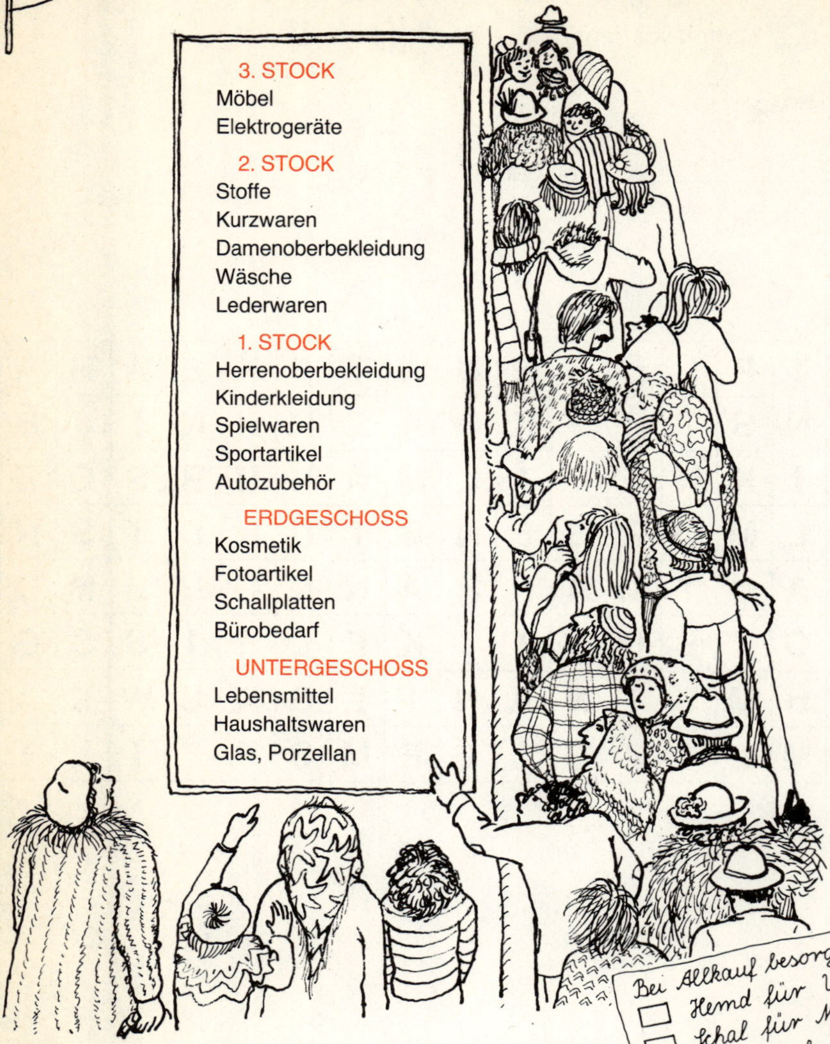

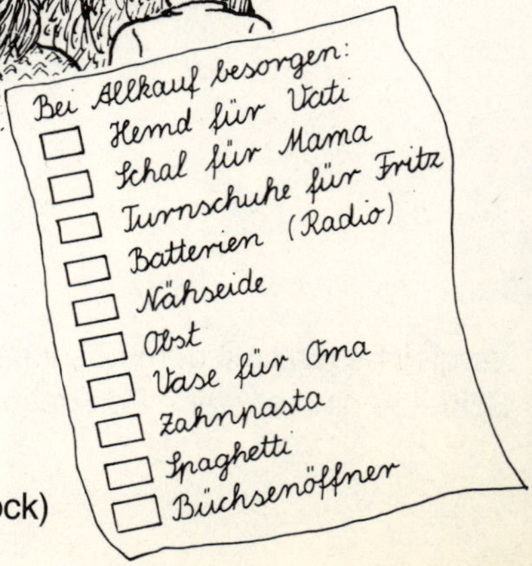

1 Familie Dimmelmann geht mit ihrem Einkaufszettel ins Kaufhaus ALLKAUF. Schreibe dazu, in welchem Stockwerk die Sachen zu bekommen sind.
Beachte Tip 7.
Verwende die Abkürzungen:
U (= Untergeschoß) E (= Erdgeschoß) 1., 2., 3. (= Stock)

2 An der Kasse der Lebensmittelabteilung ist ein voller Einkaufswagen stehengeblieben. Lehrling Franz muß alles wieder in die Regale einräumen.
Schreibe die Artikel aus dem Wagen zu den richtigen Überbegriffen.
Setze überall ein weiteres passendes Namenwort dazu.
Beachte Tip 8.

Tip 7

Manche Namenwörter fassen viele Einzeldinge zu Gruppen oder Gattungen zusammen. Man nennt sie Gattungsnamen, Sammelnamen oder Überbegriffe. Sie helfen beim Ordnen und Zurechtfinden.

Tip 8

Namenwörter ordnen die Einzeldinge zu unterschiedlich großen Gruppen. Manche Gattungsnamen sind Überbegriffe für andere Gattungsnamen, z. B. Lebensmittel für Obst, Obst für Beeren usw.

OBST/GEMÜSE	TIEFKÜHLKOST	GETRÄNKE

BACKWAREN	MILCH- und MOLKEREI-PRODUKTE	FLEISCH/WURST

TEIGWAREN	SÜSSWAREN	KONSERVEN

3 Suche selbst passende Überbegriffe.
Setze sie in die Kästchen.
Beachte Tip 8.

Zimt	Teller	Buche	Gepäckständer
Kümmel	Schüssel	Ahorn	Scheibenwischer
Paprika	Untertasse	Birke	Auspuff
Pfeffer	Kaffeekanne	Pappel	Rückspiegel

4 In jeder Wortgruppe steckt ein unpassendes Namenwort.
Streiche es heraus.
Das ist leicht, wenn du zuerst einen gemeinsamen Überbegriff für jede Gruppe suchst.
Schreibe ihn als Überschrift darüber.

Fahrrad	Mücke	Löwe
Auto	Floh	Schlange
Eisenbahn	Hummel	Känguruh
Bahnhof	Heuschrecke	Stachelschwein
Motorrad	Ameisenbär	Zebra
Moped	Biene	Dromedar

Nürnberg
München
Münster
Moskau
Mainz
Mannheim

Keuchhusten
Masern
Mumps
Krankenhaus
Grippe
Windpocken

Dummheit
Ehrlichkeit
Schönheit
Menschheit
Mut
Feigheit

Holland
Deutschland
Alpen
Österreich
Schweiz
Italien

Känguruh
Hosenbein
Gartenfest
Sonnenschirm
Omnibus
Maus

5 In der Lebensmittelabteilung ist große Aufregung.
Viele Leute rufen durcheinander.
Unterstreiche die Namenwörter des Unruhestifters.
Schreibe sie in einer sinnvollen Reihenfolge auf.
Beachte Tips 8 und 9.

Tip 9

Jedes Ding oder Lebewesen läßt sich mit verschiedenen Namen benennen, weil es zu verschiedenen Gruppen gehört, z. B. ein Dackel zur kleinen Gruppe der Rauhhaardackel und zur großen Gruppe der Hunde.

Beginne mit dem Eigennamen: ______________________________

____

____

6 Suche heraus, welche Namenwörter auf dich zutreffen.
Schreibe sie in einer Reihenfolge vom engsten bis zum weitesten Begriff auf.
Beginne mit deinem Eigennamen.
Beachte Tips 8 und 9.

FRAU KIND MOHAMMEDANER MENSCH
MANN TIER DEUTSCHE(R) BEAMTER
WEISSER ITALIENER JUNGE TÜRKE
DORFBEWOHNER RHEINLÄNDER BAYER
LEBEWESEN MÄDCHEN HANDWERKER
PROTESTANT RENTNER INDIANER
SCHWARZER GRUNDSCHÜLER JUGENDLICHER
HAUPTSCHÜLER KATHOLIK STADTBEWOHNER

____

____

____

____

____

Vergleiche jetzt mit dem Lösungsheft S. 5.
Schreibe dir hier deine Punkte gut

3 Wann ist die Geburtstagsparty?

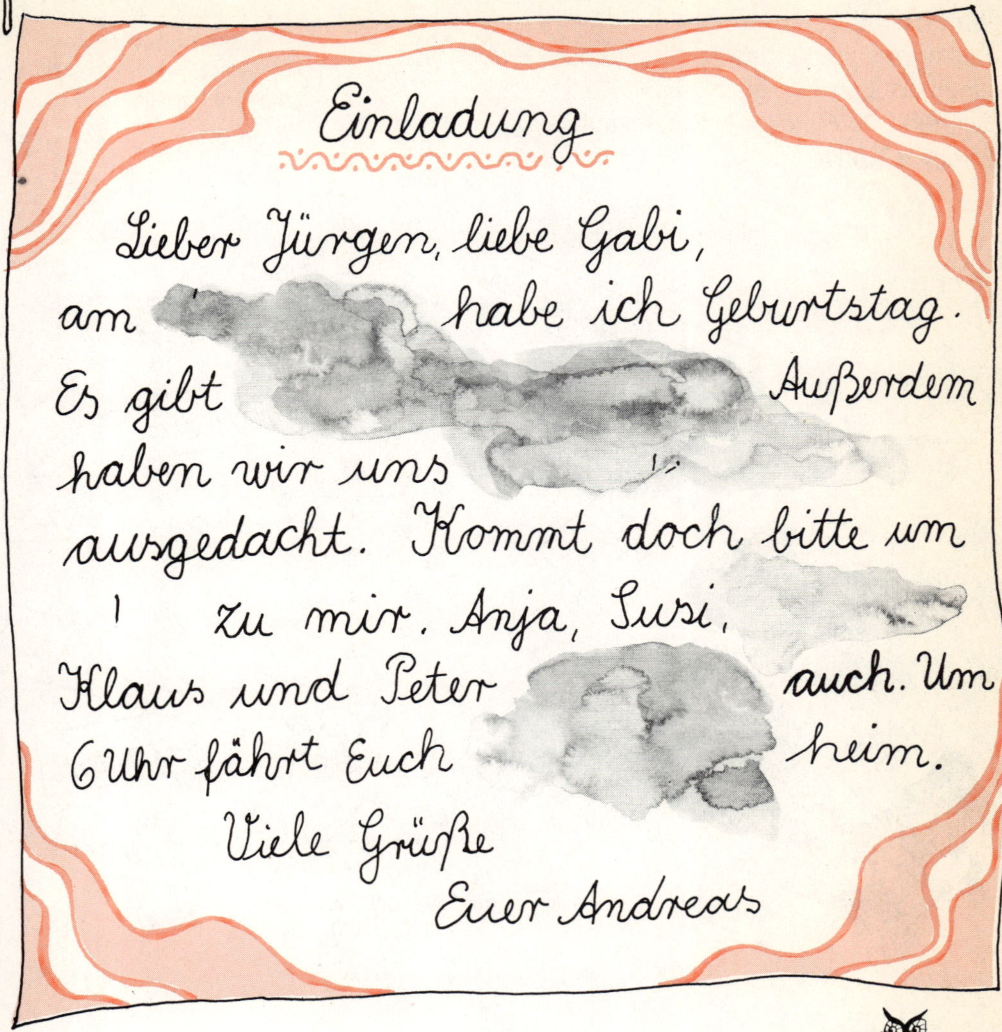

Einladung

Lieber Jürgen, liebe Gabi,
am habe ich Geburtstag.
Es gibt Außerdem
haben wir uns
ausgedacht. Kommt doch bitte um
zu mir. Anja, Susi,
Klaus und Peter auch. Um
6 Uhr fährt Euch heim.
Viele Grüße
Euer Andreas

Tip 10

Wir sprechen in Sätzen, nicht in einzelnen Wörtern. Ganze Sätze kann man verstehen, Einzelwörter ergeben noch keinen Sinn.

1 Der Einladungsbrief ist in den Regen gekommen, manche Wörter sind nicht mehr lesbar.
Ergänze den Brief so, daß sinnvolle Sätze entstehen.
Beachte Tip 10.

2 Andreas hat für die Geburtstagsfeier Spiele vorbereitet.
Jeder bekommt einen Briefumschlag mit Wortkärtchen.
Richtig zusammengesetzt, ergeben sie jeweils einen lustigen Auftrag.
Schreibe die Aufträge in Sätzen auf.
Beachte Tip 11.

Tip 11

In einem sinnvollen Satz stehen die Wörter in richtiger Reihenfolge.

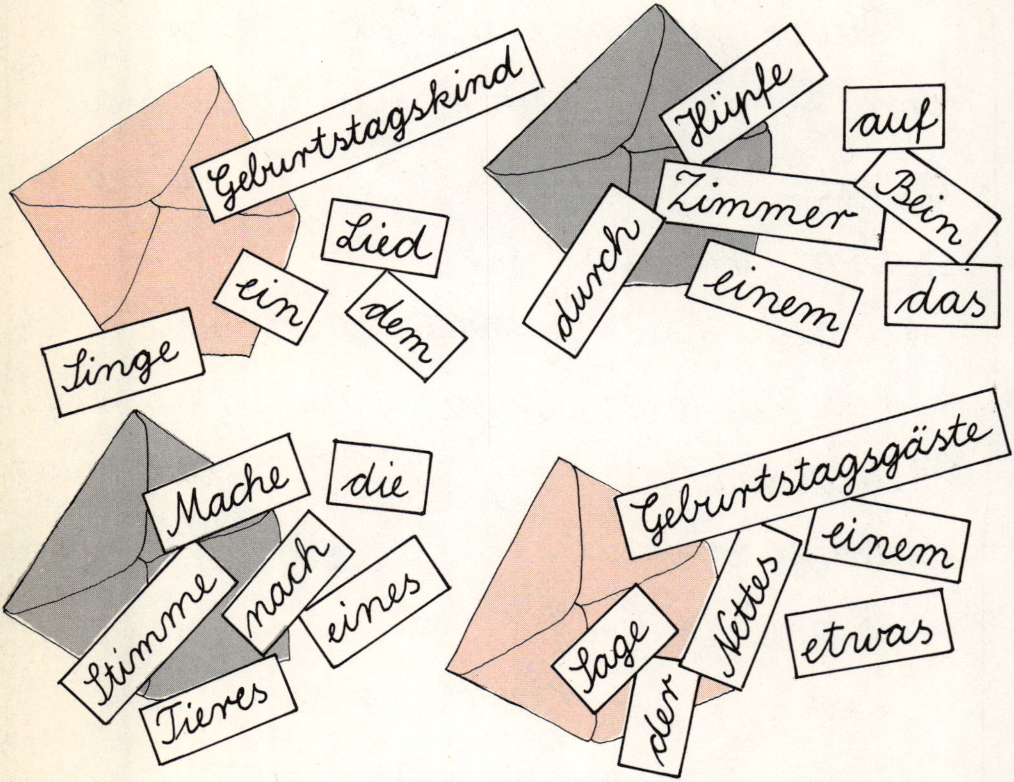

Auftrag 1: ____

____

Auftrag 2: ____

Auftrag 3: ___

Auftrag 4: ___

Tip 12

Zwischen den Wörtern eines Satzes besteht ein Zusammenhang. Sätze mit überflüssigen Wörtern sind genauso schlecht verständlich wie Sätze, denen Wörter fehlen.

3 Einige Kinder haben die Wortkarten aus ihren Umschlägen durcheinandergebracht. Susi, Jens und Evi haben jeweils ein Wort zuviel, den anderen Kindern fehlt je ein Wort.
Wer muß mit wem tauschen?
Stelle die Sätze richtig.
Setze beim einen ein, was du beim anderen durchstreichst.
Beachte Tip 12.

Susi hat:

Du **darfst** **dich** **einen** **Hampelmann** **machen**

Peter hat:

Zeichne **ein** **Männlein** **auf** **ein**

Jens hat:

Sage **ein** **Gedicht** **auf** **Blatt**

Klaus hat:

Krieche **unter** **dem** **durch**

Evi hat:

Singe **auf** **einem** **Tisch** **Bein** **einen** **Schlager**

Anja hat:

Setze **rückwärts** **auf** **einen** **Stuhl**

4 Gabi hat ein neues Wortspiel erfunden.
Aus Wortkärtchen setzt sie Wörter zusammen,
einige Kärtchen legt sie jedoch umgekehrt auf den Tisch.
Wer die verdeckten Wörter errät, darf den nächsten Satz legen.
Schreibe auf, wie die fehlenden Wörter heißen könnten.
Sie stecken alle in den Aufgaben **2** und **3**.
Beachte Tip 12.

a) Der Hampelmann verlor [ ] [ ] .

b) Wer traurig ist, der singt [ ] [ ] .

c) Die Geschichte steht [ ] [ ] [ ] .

d) Der Storch steht [ ] [ ] [ ] .

e) Klaus spielt auf dem Klavier [ ] [ ] .

Tip 13

Auch vollständige Sätze können sinnlos sein. Erst vom Inhalt eines Satzes her ist zu entscheiden, ob er sinnvoll oder sinnlos ist.

5 Peter sammelt alle Wortkärtchen ein
und macht Unsinnsätze daraus.
Kannst du mit den Wortkarten der Aufgaben **2** und **3**
neue Unsinnsätze erfinden?
Schreibe zwei auf.
Beachte Tip 13.

Singe dem Geburtstagskind ein Männlein.

Hüpfe auf einem Bein durch das Gedicht.

Du darfst einen Stuhl nachmachen.

Setze dich rückwärts auf den Hampelmann.

6 Jürgen erzählt zu Hause von der Geburtstagsparty. Voll Begeisterung spricht er schnell und ohne Pause. Gliedere seine Erzählung in sinnvolle Sätze. Beachte Tip 14.

Andreashatvielgeschenktbekommenesgab
kuchenundlimowirhabenlustigespielegemacht
evimußteeinliedsingendiemuttervonandreas
hatmichheimgefahreneswarsehrschön.

Tip 14

Jeder sinnvolle Satz hat einen eigenen Gedanken. Das Ende eines Satzes ist durch ein Satzzeichen gekennzeichnet. (Nach dem Erzählsatz steht der Punkt.)

Vergleiche jetzt mit dem Lösungsheft S. 6.
Schreibe dir hier deine Punkte gut

4 Ach, erzähl mir doch keine Märchen!

Ⓐ

Ⓑ

Tip 15

Zu den Hauptsatzarten gehören der Aussagesatz oder Erzählsatz sowie der Befehlssatz oder Aufforderungssatz. Schon beim Sprechen hört man deutlich den Unterschied.

1 Sprich folgende Sätze laut und betont.
Zu welchem Bild gehören die Sätze?
Kreuze Ⓐ oder Ⓑ an.
Beachte Tip 15.

	Der Satz gehört zu	Bild	
a)	Nun sitzt ihr alle da und hört zu.	Ⓐ	Ⓑ
b)	Heute will ich euch ein Märchen erzählen.	Ⓐ	Ⓑ
c)	Verschwindet, ihr Lausebengel!	Ⓐ	Ⓑ
d)	Trollt euch!	Ⓐ	Ⓑ
e)	Laßt euch hier nicht mehr blicken!	Ⓐ	Ⓑ
f)	Es war einmal ein schöner Prinz.	Ⓐ	Ⓑ

2 Trage *Aussage* oder *Aufforderung* in die Kästchen ein.
Beachte Tip 15.

a) Nun sitzt ihr alle da und hört zu. [ ]

b) Heute will ich euch ein Märchen erzählen. [ ]

c) Verschwindet, ihr Lausebengel! [ ]

d) Trollt euch! [ ]

e) Laßt euch hier nicht mehr blicken! [ ]

f) Es war einmal ein schöner Prinz. [ ]

Tip 16

Aussagesätze (Erzählsätze) geben eine Auskunft, machen eine Aussage oder berichten („erzählen") etwas.

3 Berichte, was die einzelnen Kinder falsch machen (A).
Schreibe auch auf, was in der Badeordnung vorgeschrieben wird (B).
Beachte Tip 16.

Ⓐ Ein Kind wirft eine Bierflasche ins Wasser.

Ⓑ Wirf keine Bierflaschen ins Wasser!

Ⓐ ______

Ⓑ ______

Ⓐ ______

Ⓑ ______

Ⓐ ______

Ⓑ ______

Ⓐ ______

Ⓑ ______

Ⓐ ______

Ⓑ ______

Ⓐ ______

Ⓑ ______

4 Baue mit den Wörtern jeder Gruppe Aussagesätze (Erzählsätze), die sich reimen. Schreibe die Sätze auf die Zeilen.
Du wirst staunen, was dabei herauskommt.
Dreimal darfst du raten.
Beachte Tips 15, 16 und 17.

Tip 17

Aussagesätze (Erzählsätze) werden am Anfang immer mit einem Großbuchstaben, am Schluß mit einem Punkt geschrieben.

1 ______________________________

2 ______________________________

3 ______________________________

4 ______________________________

5 ______________________________

damit ______________________________

5 Fülle die Leerstellen aus.
Beachte Tips 16 und 17.

Aussagesatz	Aufforderungssatz
a) Du läufst weg.	a) ______________
b) ______________	b) Sprich deutlich!
c) ______________	c) Fasse dich kurz!
d) Ihr drängt euch nicht vor.	d) ______________
e) Du schwimmst noch einmal.	e) ______________
f) ______________	f) Kommt her!

6 Schreibe die „komische Einladung“ so um, daß sie in jeder Hinsicht stimmt und gut lesbar ist.
Beachte Tip 18.

Tip 18

Während der geschriebene Aussage(Erzähl)satz stets mit einem Punkt endet, schreibt man am Ende eines Aufforderungs(Befehls)-satzes meistens ein Ausrufezeichen.

Komische Einladung

STELLDICHNICHTSOAN
KOMMMITINDIEGRÜNANLAGE
WIRWOLLENGROSSELEUTEERSCHRECKEN
SEIKEINSPIELVERDERBER
DUKANNSTDIEHAUSAUFGABENSPÄTERMACHEN
MANWIRDDICHEINENFEIGLINGNENNEN
DENKNICHTIMMERANDIEANDEREN
HABKEINEANGST
WIRVERPFEIFENDICHSCHONNICHT
MORGENUMFÜNFVORFÜNFZEHNUHRERWARTENWIRDICHPÜNKTLICHWIE
IMMER

Frank und Billy

7 Wohin passen die Ausrufewörter?
Trage sie an den richtigen Stellen ein.
Beachte Tip 19.

Tip 19

Ausrufesätze drücken eine Erfindung (z. B. Schmerz, Freude, Erstaunen) aus. Häufig beginnen sie mit einem Ausrufewort.

Ei Pfui O Hallo ei Au Aha Hurra O je

a) ☐, das hat weh getan!

b) ☐, unsere Gruppe ist Sieger!

c) ☐, wie geht's?

d) ☐, jetzt hab ich's begriffen!

e) ☐, tut das gut!

f) ☐, ☐, das ist ja wirklich sonderbar!

g) ☐, ist das scheußlich!

h) ☐, ich hab mein Heft vergessen!

8 Unterscheide Aussage-, Aufforderungs- und Ausrufesatz.
Verwende zum Unterstreichen drei verschiedene Farbstifte.
Beachte die Tips 15 – 19.

Paß auf! Gib acht! Sei still!

Paß auf! Paß auf!
So heißt es den lieben langen Tag.
Beim Einkauf, beim Skilauf, beim Essen von Auflauf
heißt's immer:
Paß auf! Paß auf!
Hei, pfeif doch schon drauf!

Gib acht! Gib acht!
So heißt es den lieben langen Tag.
Wer Krach macht, nicht ganz sacht inmitten der Mondnacht,
hört immer:
Gib acht! Gib acht!
Mensch, ist doch gelacht!

Sei still! Sei still!
So heißt es den lieben langen Tag.
Wer Eis will vorm Ballspiel, – ob Heini, ob Sybill,
hört immer:
Sei still! Sei still!
Ach, red nicht so viel!

Vergleiche jetzt mit dem Lösungsheft S. 7.
Schreibe dir hier deine Punkte gut

5 Ein schlechter Schüler machtete Unsinn

Ein schlechter Schüler

Als ich noch zur Schule gehte,
zählte ich bald zu den Schlauen,
doch ein Zeitwort recht zu beugen,
bringte immer Furcht und Grauen.

Wenn der Lehrer mich ansehte,
sprechte ich gleich falsche Sachen,
für die andern Kinder alle
gebte das meist was zum Lachen.

Ob ich schreibte oder leste,
Unsinn machtete ich immer,
und statt eifrig mich zu bessern,
werdete es nur noch schlimmer.

Bruno Horst Bull

1 Du hast sicher gemerkt,
welcher Unsinn in dem Gedicht gemacht wurde.
Unterstreiche alle falschen Formen der Verben.
Schreibe von den unterstrichenen Verben die Grundform und die richtige Vergangenheitsform auf.
Beachte Tip 20.

Grundform	Vergangenheitsform
gehen	ich ging

Tip 20

Viele Verben verändern in der Vergangenheitsform den Selbstlaut im Wortstamm, z. B. f*a*hren, ich f*u*hr.
Den Wortstamm erhält man, wenn man von der Grundform des Verbs die Endung -*en* wegläßt, z. B. fahr*en* (= Grundform), fahr (= Stamm).

2 Setze den folgenden Text aus der Gegenwart in die Vergangenheit.
Bilde die richtigen Formen der Verben im Präteritum.
Beachte Tip 21.

Tip 21

Die 1. Vergangenheit (ging, machte) heißt auch Präteritum oder Imperfekt.

Der Schüler, der die Verben nicht richtig beugen kann, ist aber ein guter Bastler. Er zeichnet einen Plan, holt sechs Bretter, mißt genau, schneidet die Bretter zurecht, hobelt sie glatt, leimt sie zusammen, fertig ist eine Kiste. Darauf schreibt er: Eingesperrte Vergangenheit.

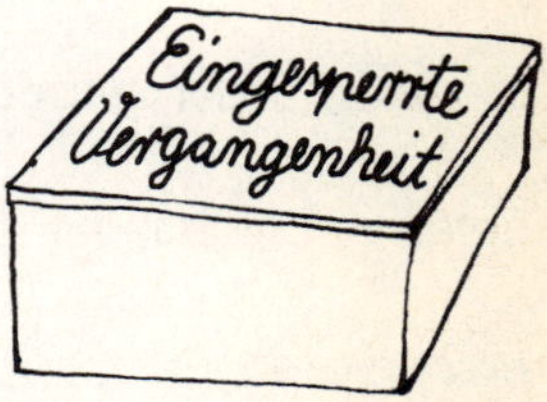

Der schlechte Schüler, der die Verben
nicht richtig beugen konnte,

3 Setze die Verben ins Perfekt.
Fülle die Lücken mit den richtigen Formen der Hilfsverben *haben* oder *sein* aus.
Beachte Tip 22.

Tip 22

Neben der 1. Vergangenheit gibt es eine 2. Vergangenheit, die mit den Hilfsverben *haben* oder *sein* gebildet wird. Sie heißt Perfekt oder vollendete Gegenwart, z. B. ich *bin* gegangen, ich *habe* gelacht.

Der schlechte Schüler __________ wieder einmal Unsinn gemacht. An der Tafel __________ gestanden: Ärgert euch nicht, unser Ausflug __________ ins Wasser gefallen, es __________ zu stark geregnet. Er __________ das Komma versetzt. Nun __________ der Satz gelautet: Ärgert euch, nicht unser Ausflug __________ ins Wasser gefallen. Ein Schüler __________ den Satz vorgelesen. Da __________ der Lehrer erschrocken. Er __________ überlegt: __________ mir der Fehler passiert? Alle Kinder ________________ gelacht.

Tip 23

Verben haben für die 3 Personen (ich, du, er/sie/es) in der Einzahl und in der Mehrzahl eigene Endungen. Bei der 2. und 3. Person Einzahl muß man besonders aufpassen, hier ändert sich manchmal der Selbstlaut im Wortstamm, z. B. geben, du g*i*bst, er g*i*bt.

4 Fülle die Leerstellen mit den richtigen Formen der Verben in der Gegenwart aus.
Unterstreiche gleiche Endungen in der gleichen Farbe.
Beachte Tip 23.

	1. Person	2. Person	3. Person
EINZAHL	ich sehe	du siehst	er sieht
	ich befehle		
			er bläst
		du beißt	
	ich streiche		
			es wächst
			sie ißt
	ich reite		

	1. Person	2. Person	3. Person
MEHRZAHL	wir treffen	ihr trefft	sie treffen
	wir lassen		
			sie helfen
		ihr dürft	
	wir schneiden		
		ihr wißt	

5 Uschis Bruder ist noch sehr klein.
Er gibt Anweisungen.
Er kann aber die Verben noch nicht beugen und verwendet nur Grundformen.
Setze in die richtige Befehlsform.
Gib acht auf Einzahl und Mehrzahl.
Beachte Tip 24.

Tip 24

Verben, die in der 2. Person Einzahl ein *i* (oder *ie*) haben, bilden auch die Befehlsform in der Einzahl mit *i* (oder *ie*), z. B. sprechen – du spr*i*chst – spr*i*ch!

Der kleine Bruder sagt:	**Befehlsform**
Du vorlesen!	Lies vor!
Du und du kommen!	
Nichts nehmen!	
Bubi helfen!	
Nicht Apfel essen!	
Apfel Bubi geben!	
Du und du nicht gehen!	
Alle zuhören!	
Ball werfen!	

6 Für Aufforderungen gibt es nicht nur die Befehlsform der Verben.
Unterstreiche rot drei besonders strenge Befehle,
unterstreiche mit einer anderen Farbe drei höfliche Aufforderungen.

Warum paßt du denn nicht auf?

Ob du gleich aufpaßt!

Ich wünsche, daß du aufpaßt.

Du wirst aufpassen!

Achtung! Paß auf!

Jetzt wird aufgepaßt!

Daß du ja aufpaßt!

Aufpassen!

Aufgepaßt!

Du paßt jetzt auf!

Paßt du auf!

Bitte paß auf!

Du hast aufzupassen!

Wir passen jetzt gut auf!

Ich würde mich freuen, wenn du aufpaßtest.

7 Drücke die Aufforderungen jeweils in zwei verschiedenen Formen aus, zuerst besonders streng, dann höflich.

Mund halten! (streng) ______________________________

(höflich) ______________________________

Nichts vergessen! ______________________________

____

Türe zumachen! ______________________________

____

Fleißiger sein! ______________________________

____

Sich umsehen! ______________________________

____

8 Unterstreiche jeweils, woran man die Zeitstufe „Zukunft“ erkennt.
Beachte Tip 25.

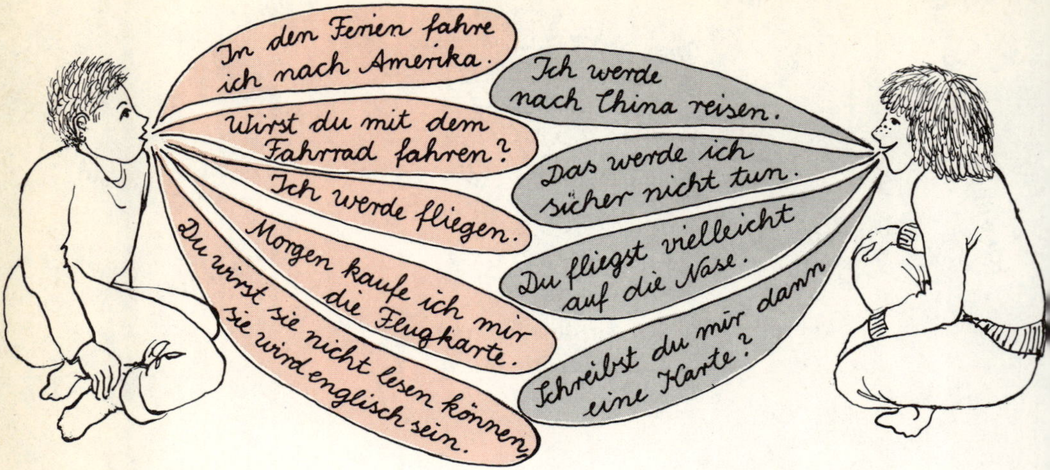

9 Entscheide jeweils, in welcher Zeitstufe das Verb steht, und schreibe die richtige Abkürzung in das Kästchen.
Gw = Gegenwart, 1. Vg. = 1. Vergangenheit,
2. Vg. = 2. Vergangenheit, Zk = Zukunft

Tip 25

Die Zeitstufe des Verbs, die angibt, daß etwas noch nicht begonnen hat, heißt Zukunft. Sie wird mit Hilfe des Wörtchens „werden“ gebildet oder mit den Gegenwartsformen des Verbs. Hier weisen oft zusätzliche Zeitangaben auf die Zukunft, z. B. morgen, bald.

☐ Er hat immer nur Unsinn im Kopf.
☐ Schon im Kindergarten machte er immer Unfug.
☐ Er ist aber doch älter geworden.
☐ Alle haben es schwer mit ihm.
☐ Haben Sie es schon einmal mit Humor versucht?
☐ Nichts hat geholfen.
☐ Was wird er einmal werden?
☐ Er wird es nicht weit bringen.
☐ Gestern brachte er alle zum Lachen.
☐ Vielleicht wird er Clown.
☐ Ich wünsche ihm alles Gute.

Vergleiche jetzt mit dem Lösungsheft S. 8.
Schreibe dir hier deine Punkte gut

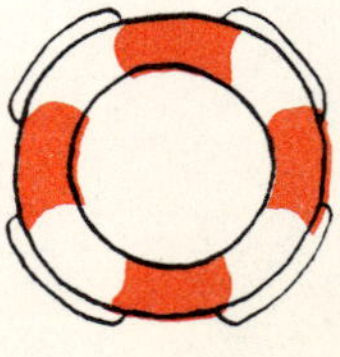

6

Mit Kind und Kegel auf den Rummelplatz

Alt und jung, groß und klein strömen auf den Rummelplatz. Wohl oder übel muß Oma mitgehen, – durch dick und dünn! Resi und Fritz nehmen Oma links und rechts bei der Hand. Zuerst gehen sie kreuz und quer durchs Gelände. Altes und Neues ist zu bestaunen. Eine Bahn fährt über Berg und Tal, vor der Schießbude drängen sich die Burschen, als ginge es um Leben und Tod. Die da oben im Riesenrad schweben zwischen Himmel und Erde.
Oma wird's heiß und kalt zugleich in diesem Drunter und Drüber.
Sie weiß bald nicht mehr ein noch aus, als plötzlich
Fritz verschwunden ist.
„Himmel und Hölle, Stein und Bein!" schimpft Oma.
„Über kurz oder lang werden die Knaben halt selbständig",
tröstet sie sich und Resi.
Mit ihr geht Oma auf und ab, hin und her. „Da ist ja der Schlingel!" Zwischen Lachen und Weinen umarmen sich die drei.

Tip 26

In der deutschen Sprache gibt es Wortpaare, die mit *und* oder mit *oder* verbunden sind. Wortpaare sind Wörter, die zusammengehören. Wortpaare, die Gegensätze oder Gegenteiliges ausdrücken, nennt man auch Gegenwörter.

1 Suche im Text oben nach Gegenwörtern.
Unterstreiche alle Wortpaare, die du findest.
Beachte Tip 26.

2 Fülle die Leerstellen aus.
Schau dabei im Text oben nach.
Beachte Tip 26.

a) über ______ und Tal

b) Altes und ______

c) zwischen ☐ und Erde   d) über kurz oder ☐

e) ☐ oder übel   f) links und ☐

g) ☐ und jung   h) kreuz und ☐

i) um ☐ und Tod   k) drunter und ☐

3 Kreuze die Wortpaare an, bei denen beide Wörter mit dem gleichen Buchstaben beginnen. Beachte Tip 27.

Tip 27

Bei manchen Wortpaaren beginnen beide Wörter mit dem gleichen Buchstaben. Solche Lautmalereien machen unsere Sprache schön und wohlklingend, wenn sie nicht übertrieben häufig vorkommen.

○ hoch und heilig	○ über Stock und Stein	
○ in Wald und Feld	○ bei Wasser und Brot	○ weder Fisch noch Fleisch
○ gang und gäbe	○ mit Lust und Liebe	○ Glück und Glas
○ Not und Tod	○ ab und an	○ Schimpf und Schande
○ Hab und Gut	○ Tür und Tor	○ mit Hängen und Würgen
○ bei Nacht und Nebel	○ Samt und Seide	○ Liebe und Leben
○ sein Wunsch und Wille	○ Wenn und Aber	○ Haus und Hof
○ seit eh und je	○ drauf und dran	○ frisch und fröhlich
○ wohl und wehe	○ mit Mann und Maus	○ auf Gedeih und Verderb
○ mit Kind und Kegel	○ bei Wind und Wetter	○ durch dick und dünn

4 Welches Wortpaar aus den Aufgaben **2** und **3** paßt gut anstelle der unterstrichenen Ausdrücke? Schreibe das Wortpaar jeweils in den Kasten.

a) Er hat ihr fest versprochen, mit ihr durch alle Schwierigkeiten zu gehen.

b) Er war gerade dabei, seinen gesamten Besitz zu verlieren.

c) In München ist es der Brauch, zu Weißwürsten Bier zu trinken.

d) Es war schon immer schrecklich, wenn ein Schiff mit der ganzen Besatzung unterging.

e) Man sollte bei jeder Witterung gerne wandern.

Tip 28

Die Verwendung von Wortpaaren in der Sprech-, besonders aber in der Schriftsprache trägt zur Ausschmückung von Texten, meist Gedichten, bei.

5 Fülle die Leerstellen in den folgenden Sätzen mit Wortpaaren. Beachte Tips 27 und 28.

a) Jetzt grünt es wieder ______________________________. Frühling ist's.

b) ______________________________ geht die Familie Sonntag für Sonntag zum Gottesdienst.

c) Unsere Gerda hat ihr Abitur zwar ______________________ geschafft, aber geschafft hat sie's!

d) Gefangene mußten früher nicht selten ______________________ schmachten.

e) Viele Menschen haben im letzten Weltkrieg ihr ______________________ verloren.

f) ______________________ hat Ferdinand den Ball bekommen.

g) Hier gibt's kein ______________________. Zier dich nicht so!

h) ______________________ mußten sie sich auf den Heimweg machen.

6 Entdeckst du die Wortpaare in den folgenden beiden Gedichten? Kreuze die entsprechenden Zeilen an. Beachte Tip 28.

Das ist die Erde

Das ist die Erde,
kugelrund und dick,
mit Land und Meer,
mit Berg und Tal,
mit Städten, Schnee und Wäldern.
So, wie sie fliegt
durch Nacht und Tag,
ein Stern wie alle andern.

Elisabeth Borchers

Laß sie!

Hurtig über Stock und Stein
springen heut die Hasen.
Laß sie laufen, laß sie sein!
Sollen rennen und rasen!

Auf und nieder, hin und her
tanzen heut die Mücken.
Laß sie, fange keine mehr!
Auch nicht mit List und Tücken!

Lustig über Wies' und Feld
schwirren heut die Vögel.
Laß sie fliegen, kost' kein Geld!
Heim jetzt mit Kind und Kegel!

Vergleiche jetzt mit dem Lösungsheft S. 9.
Schreibe dir hier deine Punkte gut

7

Was fehlt Tom?

Wie kam es, daß du krank wurdest?

Wann mußtest du dich ins Bett legen?

Hast du Kopfschmerzen?

Ist dir schlecht?

Hast du Halsschmerzen?

Wo warst du gestern?

Hast du etwas eingenommen?

1 Dr. Bauer stellt viele Fragen.
Tom kann nicht sprechen, nur nicken oder den Kopf schütteln.
Unterstreiche die Fragen, die Tom beantworten kann, ohne sprechen zu müssen.
Beachte Tip 29.

Tip 29

Manche Fragen kann man mit ja oder nein beantworten.
Das sind Entscheidungsfragen.

2 Schreibe aus den Sätzen bei Aufgabe **1** die Wörter heraus, mit denen die Ergänzungsfragen beginnen.
Beachte Tip 30.

?	?	?

Tip 30

Ergänzungsfragen beginnen mit einem Fragewort. Sie fragen nach Ort, Zeit, Personen usw.
Man kann sie nicht mit ja oder nein beantworten.

3 Es gibt viele Fragewörter.
Trage sie mit dem Fragezeichen richtig in die Kästchen ein.
Beachte Tip 31.

Fragewörter nach

einer Person,	einem Ort,	einer Sache,
dem Grund,	**der Zeit,**	**einem Umstand.**

Tip 31

Die wichstigsten Fragewörter heißen:
wer? was? wo?
wann? wie? warum?

4 Welche Fragewörter passen? Trage sie ein.
Beachte Tip 31.

☐	gehst du zu Bett?	☐	schrieb dieses Buch?
☐	steht die Limonade?	☐	soll Tom machen?
☐	glaubst du mir nicht?	☐	endet das Spiel?
☐	leben die Eskimos?	☐	arbeitet dein Vater?
☐	liest du gern?	☐	hörst du nicht zu?

5 Jürgen ist neu in der Klasse.
Die Mitschüler wollen vieles wissen.
Schreibe fünf mögliche Entscheidungsfragen auf. Verwende die Wörter im Kasten.
Beachte Tip 29.

Fußball spielen
gerne Comics lesen
Hobbys haben
gut schwimmen
Geschwister

____

____

____

____

____

6 Unterstreiche in deinen Sätzen bei Aufgabe **5** jeweils das erste Wort.
Wenn du die Entscheidungsfragen richtig gebildet hast, muß jeder Satz mit einem ☐ beginnen.
Beachte Tip 32.

Tip 32

In Entscheidungsfragen steht das Verb immer am Anfang.

7 Jürgen beantwortet die Fragen seiner Mutter.
Welche Fragen hat die Mutter gestellt?
Schreibe sie auf.
Beachte Tips 30 und 32.

a) Mutter: ____?
Jürgen: Mir gefällt es in der Klasse gut.

b) Mutter: ____?
Jürgen: 37 Schüler.

c) Mutter: ____?
Jürgen: Oberlehrer Meier.

d) Mutter: ____?
Jürgen: Ja, ich habe einen netten Freund.

e) Mutter: ____?
Jürgen: Wir haben wenig auf.

Tip 33

Auf manche Fragen erwartet man keine Antwort. Es sind unechte Fragen. Auch Aufforderungen kann man als Fragesätze formulieren.

8 Kreuze in folgender Liste alle unechten Fragen an.
Unterstreiche die Fragen, die als Aufforderungen gedacht sind.
Beachte Tip 33.

- ◯ Habe ich das nicht gleich gesagt?
- ◯ An welchem Fluß liegt Rom?
- ◯ Wohin soll das noch führen?
- ◯ Willst du nicht das Fenster schließen?
- ◯ Was gibt es heute zu Mittag?
- ◯ Bin ich denn blöd?
- ◯ Kannst du dir das nicht denken?
- ◯ Wie oft soll ich noch um Ruhe bitten?

Vergleiche jetzt mit dem Lösungsheft S. 10.
Schreibe dir hier deine Punkte gut

8 . . . und nicht zu große teure Geschenke

an alle lieben Mitschülerinnen
und Mitschüler!

Am Freitag dieser Woche um 15 Uhr findet eine lustige Geburtstagsfeier in unserer neuen Wohnung (Hartstraße 16/IV) statt. Kommt bitte, bitte alle pünktlich und bringt bitte, bitte mit:

1. *gute Laune*
2. *brauchbare Spielideen*
3. *buntes Kreppapier*
4. *eine kleine Schere und Klebstoff*
5. *Schuhe mit weichen Sohlen (damit wir nicht zu laut sind, – wegen der Nachbarn) und*
6. *nicht zu große teure Geschenke.*

Es gibt heiße Zitrone und frische Krapfen.
Unser Papa hält tolle Überraschungen bereit.
Es wird bestimmt schön.

Seid alle herzlich gegrüßt
von

Purzi *und* Jochen

1 Kreise im Einladungstext alle Adjektive (Eigenschaftswörter) ein.
Beachte Tip 34.

Tip 34

Ein Adjektiv (Eigenschaftswort) gibt darüber Auskunft, wie Lebewesen und Dinge sind, welche Eigenschaft sie haben. Sie sagen aber auch, wie etwas geschieht.

2 Schreibe zu den Namenwörtern und Verben passende Adjektive aus dem Einladungstext. Beachte Tip 35.

Tip 35

Ein Adjektiv kann sich beziehen auf
a) ein Namenwort
(das Adjektiv kennzeichnet die Eigenart eines Lebewesens oder Dinges),
b) ein Verb
(das Adjektiv gibt an, wie etwas geschieht),
c) ein zweites Adjektiv
(das erste Adjektiv kennzeichnet noch einmal näher die besondere Eigenschaft).

Adjektive zu einem NAMENWORT:

a) Das ____________________ Seidenpapier gefällt mir.

b) Eine ____________________ Nachbarin schenkte uns Äpfel.

c) Er machte ____________________ Augen, als die Christbaumkerzen brannten.

d) Vanille-Eis mit ____________________ Himbeeren, – hm!

e) Das war eine ____________________ Bescherung!

Adjektive zu einem VERB:

f) Vater kam ____________________ nach Hause, hatte sich aber abgehetzt.

g) Auf dem Flughafen umarmten sie sich ____________

________.

h) Du hast die Eier ____________________ gekocht, – und ich mag nur harte.

i) Schrei doch nicht so ____________________!

k) Mutti kaufte das Kostüm viel zu

____________________ ein.

3 „Spanne" jeweils zwei Adjektive aus **A** und **B** „zusammen".
Verwende dabei die beiden Wörter in den folgenden Sätzen nebeneinander.
Beachte Tip 35.

A
scheußlich gemütlich
ungewöhnlich unglaublich
außerordentlich

B
kalt teuer warm
fleißig stark

a) Unsere neue Wohnung ist ein ______________________

______________________ Nest.

b) In diesem Jahr waren die Zwetschgen ______________________

______________________.

c) Auf dem Münchner Oktoberfest gibt es ______________________

______________________ Bier.

d) Helene half heute ______________________

______________________ ihrer Mutter beim Abspülen.

e) Ein ______________________ ______________________ Wind
blies an diesem Spätherbsttag.

Tip 36

Wörter mit den Nachsilben *-lich, -ig, -bar, -sam, -isch, -los* und *-haft* sind Adjektive.

4 Hier stehen völlig verrückte – falsche! – Adjektive.
Schreibe jeweils das richtige Adjektiv auf die Zeilen.
Du mußt auf die Nachsilben achten.
Beachte Tip 36.

a) seßbar ______________________ b) schreckig ______________________

c) faltlich ______________________

d) frostlich ______________________

e) gespenstig ______________________

f) formsam ______________________

g) gemütig ______________________

h) schwatzsam ______________________

i) dehnsam ______________________

k) pünktig ______________________

l) haarlich ______________________

m) unerfüllsam ______________________

n) elternbar ______________________

o) rüstlich ______________________

p) kopfbar ______________________

qu) scheinsam ______________________

r) läpplich ______________________

s) trügerlos ______________________

t) peinsam ______________________

u) widerhaft ______________________

v) dümmisch ______________________

w) künstig ______________________

x) krankbar ______________________

z) stürmlich ______________________

5 Zu den angegebenen Adjektiven sollst du jeweils eines suchen, das das Gegenteil ausdrückt. Beachte Tip 37.

Tip 37

Zu den meisten Adjektiven gibt es solche, die das Gegenteil ausdrücken. Dieses kann oft mit der Vorsilbe *un-* gebildet werden.

a) ein ______________________ Gesicht
(freundliches)

b) ein ______________________ Gespräch
(lautes)

c) ein ______________________ Lied
(neues)

d) ein ______________________ Vorschlag
(brauchbarer)

e) ein ______________________ Hund
(treuer)

f) ein ______________________________ Gebäude
(großes)

g) ein ______________________________ Papier
(glattes)

h) ein ______________________________ Lehrer
(beliebter)

i) ein ______________________________ Rock
(bunter)

6 Aus der folgenden Geschichte sollst du alle Namenwörter mit den zwei Adjektiven herausschreiben, wie es das Beispiel zeigt.
Dann schreibst du die Geschichte auf ein eigenes Blatt nochmals, verwendest jedoch darin die Adjektiv-Paare, die auf Seite 47 stehen.
Beachte Tips 37 und 38.

Tip 38

Vor einem Namenwort können mehrere Adjektive stehen. Sie stehen dann nebeneinander, ohne daß es sich um eine Aufzählung handelt.

Macht nichts!

Ein liebes kleines Mädchen wünschte sich einen großen roten Luftballon. „Papi, bitte, kauf mir doch einen großen roten Luftballon", bat das liebe kleine Mädchen. „Schau da drüben!" Das Mädchen zeigte auf einen riesigen breiten Strauß wunderschöner Luftballons, den ein dicker alter Mann vor einer Bude in Händen hielt. „Muß der Luftballon ausgerechnet groß sein und rot?" fragte der Vater. „Ich möchte einen großen roten Luftballon!" beharrte das Kind.
Der dicke alte Mann bedauerte: „Ich habe nur einen kleinen roten Luftballon und einen großen blauen Luftballon, mein Kind!" Der dicke alte Mann schüttelte sein weißes schütteres Haupthaar. „Macht nichts!" entgegnete das Mädchen, „dann geben Sie mir halt einen großen blauen Luftballon. Ich mal ihn mir rot an."

ein liebes kleines Mädchen
____

____

ein garstiges großes Mädchen
einen kleinen blauen Luftballon
einen winzigen schmalen Strauß
ein dünner junger Mann
einen großen blauen Luftballon
einen kleinen roten Luftballon
sein schwarzes dichtes Haupthaar

7 Setze die Wörter, die vor den folgenden Sätzen stehen, jeweils an den richtigen Platz. Verwende dazu ein eigenes Blatt.
Beachte Tip 39.

Tip 39

Auch Grundzahlen, Ordnungszahlen (bestimmte Zahlwörter) und unbestimmte Zahlwörter können als Adjektive verwendet werden.

a) (*zwei* – *wenig*)
Für Schulklassen sind das zu Hefte.

b) (*vierten* – *einige*)
Beim Anlauf konnte Tim Gutpunkte für sich verbuchen.

c) (*viele* – *acht*)
Innerhalb von Tagen konnten Kleinigkeiten verbessert werden.

d) (*einen* – *hundertste*)
Jeder Besucher der Ausstellung bekam Blumenstrauß überreicht.

e) (*manche* – *zwölften*)
Nach der Runde hat Läuferin aufgegeben.

8 In den folgenden sechs Sätzen sollst du jeweils dasselbe Adjektiv aus dem Kasten zweimal verwenden.

Beachte Tip 40.

Tip 40

Ein Adjektiv steht im Satz entweder
a) frei (nicht gebeugt) oder
b) vor einem Namenwort. Hier wird es wie das Namenwort gebeugt.

Adjektive zum Einsetzen:

a) kalt b) blau c) laut
d) struppig – fettig e) lieb f) unpünktlich

a) Kommt, sonst wird das Essen ______ !
Ein ______ Essen schmeckt nicht mehr.

b) Vrenis Kleid ist ______ .
In ihrem ______ Kleid sieht Vreni traurig aus.

c) Heute sind die Nachbarn aber wieder ______ !
Diese ______ Nachbarn sind nicht mehr zu ertragen.

d) Wasch dein Haar, es ist ______ und ______ !
Mit ______ und ______ Haar kannst du dich auf der Feier nicht blicken lassen.

e) Dieser Mensch ist wirklich ______ .
Man kann diesem ______ Menschen nicht böse sein.

f) Christine ist heute wieder ______ .
Das Verhalten dieses ______ Kindes regt mich auf.

Vergleiche jetzt mit dem Lösungsheft S. 11.
Schreibe dir hier deine Punkte gut

9

Schneller – höher – weiter

1 Die Freunde Hans, Peter und Andreas vergleichen ihre Leistungen.
Fülle die Leerstellen aus.
Verwende die Adjektive der Überschrift.
Beachte Tip 41.

Hans sagt:

Ich werfe ____________________ als ____________________

Andreas sagt:

Ich springe ____________________ als ____________________

Peter sagt:

Ich laufe ____________________ als ____________________

Hans sagt:

Ich springe ____________________ als ____________________

Tip 41

Adjektive können gesteigert werden. Die nicht gesteigerte Form heißt Grundstufe. Die 1. Steigerungsform heißt Vergleichsstufe. In der 1. Steigerungsstufe wird das Wörtchen *als* verwendet.

Andreas sagt:

____

Peter sagt:

____

2 Setze die folgenden Adjektive in die Vergleichsstufe.
Beachte Tip 41.

leise –	leiser	reif –	
schlimm –		süß –	
mutig –		fest –	
sauer –		billig –	
brauchbar –		sparsam –	

3 Vergleiche die abgebildeten Gegenstände und schreibe, wie es das Beispiel zeigt.
Verwende die Adjektive im Kästchen.
Beachte Tip 41.

klein heiß
schwer
laut dick

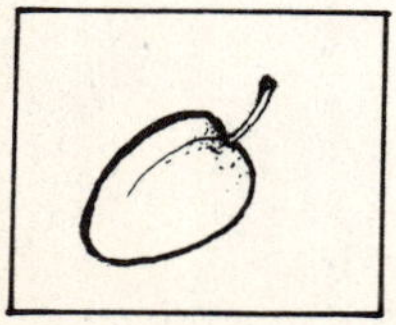

Die Pflaume ist
kleiner als der Apfel.

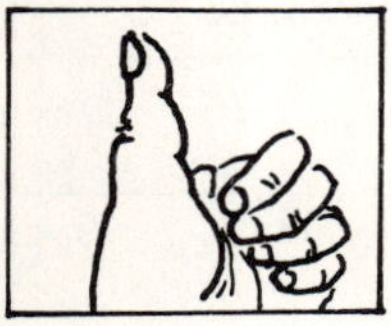 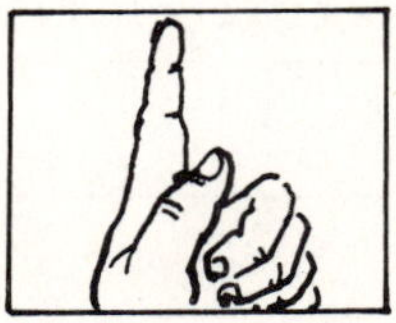

4 Lies noch einmal die Siegerurkunden von Hans, Peter und Andreas.
Beantworte folgende Fragen.
Verwende die Höchststufe.
Beachte Tip 42.

Tip 42

Die 2. Steigerungsform des Adjektivs heißt Höchststufe.

a) Wer ist der schnellste Läufer?

Peter ist

b) Wer springt am höchsten?

c) Wer wirft am weitesten?

5 Fülle die Leerstellen aus.
Beachte Tips 41 – 43.

Tip 43

In der Vergleichsstufe und Höchststufe bilden manche Adjektive den Umlaut (aus a ein ä, aus o ein ö, aus u ein ü).

Grundstufe	Vergleichsstufe	Höchststufe
kalt	kälter	am kältesten
groß		
		am schwersten
	klüger	
warm		
schwierig		
		am stärksten
bitter		
	rascher	
fest		

6 Setze jeweils ein Adjektiv und seine Steigerungsformen in eine Zeile.
Beachte Tip 44.

Tip 44

Die Adjektive gut, hoch, nahe, viel haben unregelmäßige Steigerungsformen. Du mußt sie dir merken.

am meisten hoch mehr näher

besser viel am besten am höchsten

am nächsten nahe höher gut

gut,

7 Vergleiche jeweils die drei Bilder
und schreibe Sätze in der Vergleichs- und Höchststufe.
Beachte Tip 44.

Dieser Zweig hat viele Blätter.

Brot schmeckt gut.

Dieser Turm ist hoch.

Vater

Oma

Ulla sitzt dem Fernseher am nächsten.

Vergleiche jetzt mit dem Lösungsheft S. 12.
Schreibe dir hier deine Punkte gut

10

Wichtiges vom Tage

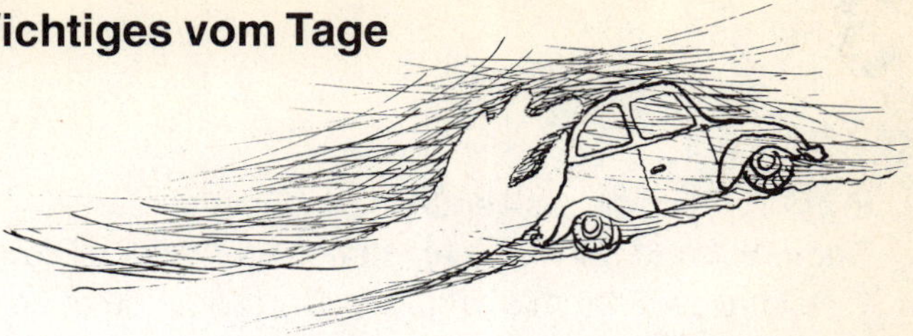

Totalschaden an „Geisterwagen“

Tettelsheim (mfn). Ein ungewöhnlicher Autounfall am letzten Mittwoch in der Forststraße. Der Fahrer eines Pkw die Handbremse anzuziehen. Sein Auto langsam über die Straße auf einen parkenden Möbelwagen zu. Da es. Der Pkw und wie von Geisterhand gelenkt, auf die abschüssige Hauptstraße. Schließlich das Auto gegen einen Baum und einen Totalschaden. Als der Fahrer des Pkw und sein Auto nicht mehr, er die Polizei, denn er an einen Diebstahl.

1 In der Setzerei der Tageszeitung hat man sich einen Spaß erlaubt und hat die wichtigsten Teile der Sätze dieser Zeitungsmeldung ausgelassen. Kennzeichne die Stellen, wo der Satzkern fehlt, durch dieses Zeichen: V.
Beachte Tip 45.

Tip 45

Sätze sind gegliedert. Der wichtigste Teil des Satzes ist der Satzkern. Er enthält das Verb.

2 Folgende Wörter wurden im Zeitungstext ausgelassen. Setze die Satzkerne an die richtigen Stellen, indem du über die Auslassungszeichen im Text oben jeweils die passende Ziffer schreibst.
Beachte Tip 45.

(1) hatte vergessen
(2) krachte
(3) ereignete sich
(4) verständigte
(5) bewegte sich
(6) knallte
(7) glaubte
(8) prallte ab
(9) zurückkam
(10) erlitt
(11) vorfand
(12) rollte

3 Unterstreiche im folgenden Text alle Satzkerne.
Beachte Tip 45.

In der Burgstraße entwendete ein Unbekannter ein Damenfahrrad. Ein Anwohner beobachtete den Dieb und verfolgte ihn bis zum Marktplatz. Dort telefonierte er mit der Polizeidienststelle. Wenige Minuten später erschien ein Polizeiauto. Aber den Dieb fand man nicht mehr. Um sachdienliche Hinweise, die den Fall aufklären, bittet die Polizei die Bevölkerung.

4 Schreibe die unterstrichenen Satzkerne aus Aufgabe **3** in die Kästchen.
Bilde dann mit diesen Wörtern neue Sätze und schreibe sie auf ein eigenes Blatt.
Beachte Tip 45.

5 Bilde aus den vorgegebenen Wörtern richtige Sätze und schreibe sie auf.
Beachte Tip 46.

a)

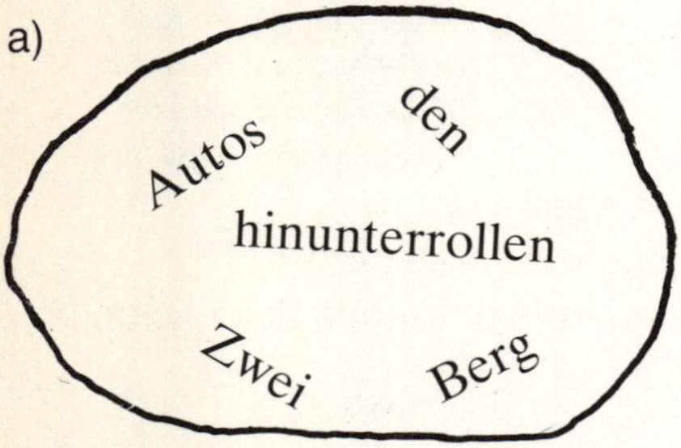

___

___

___

Tip 46

Zusammengesetzte Verben werden in manchen Sätzen getrennt. Besteht der Satzkern aus einem zusammengesetzten Verb, so wird er in vielen Sätzen getrennt. Beispiel: *aufklären* – . . . *klärt* . . . *auf.* Zwischen die beiden Teile des Satzkerns können andere Wörter rücken. Beispiel: . . . klärt *die Tat* auf.

b)

auf. die Polizei schlimme Tat klärt Die

c)

viele Unfallstelle herumstehen An Schaulustige der

d)

Huber Die Unfallwagen den Firma ab. schleppte

e)

Schrotthändler Autos Die alte aufkaufen

f)

6

Suche in den folgenden Sätzen jeweils den Satzkern und unterstreiche ihn.
Beachte Tips 47 und 48.

Herr Huber ist Polizist.

Seine Frau Susanne ist Hausfrau.

Die Tochter Susi wird Verkäuferin.

Franz Huber ist Schüler.

Er ist fleißig und hat Mut.

Herr Huber fährt ein Polizeiauto.

Sein Wagen ist schnell.

Manches Motorrad aber ist schneller.

Tip 47

Der Satzkern kann aus einem Hilfsverb mit Adjektiv bestehen. Beispiel: Das Haus *ist hoch.*

Tip 48

Der Satzkern kann aus einem Hilfsverb mit Namenwort bestehen.
Beispiel:
Herr Maier *ist Lehrer.*
Herr Maier *hat Husten.*

7

Die Satzteile (1) bis (6) auf Seite 59 müssen in die „Letzte Meldung" eingeordnet werden.
Schreibe die Ziffern an die richtigen Stellen auf den Strich.
Beachte Tip 49.

Tip 49

Satzkerne, die aus einem Hilfsverb mit Namenwort oder Adjektiv bestehen, werden in manchen Sätzen getrennt. Beispiel:
Herr Maier *ist* seit vielen Jahren *Lehrer.*
Das Haus *ist* 7 Meter *hoch.*

Letzte Meldung

Das ___ neue ___ Einkaufszentrum ___ ist ___ fertig. Herr ___ Lenz ___ ist ___ der ___ Geschäftsführer. Parkplätze ___ sind ___ vorhanden. Besonders ___ Haushaltswaren ___ sind ___ billig. Das ___ Haus ___ hat ___ ein ___ Restaurant, ___ das ___ vorzüglich ___ geführt ___ ist. Alex Bauer ___ ist ___ ein ___ Spezialkoch.

① in genügender Anzahl

④ im Eröffnungsangebot

② im Obergeschoß

⑥ für Ein- und Verkauf verantwortliche

⑤ nach zwei Jahren Bauzeit

③ aus Wien stammender

Vergleiche jetzt mit dem Lösungsheft S. 13.
Schreibe dir hier deine Punkte gut

11

Zwischenbericht I

Auf der Wort- und Satzbaustelle wurde fleißig gearbeitet.
Du sollst nun als Architekt kontrollieren, wo Fehler gemacht wurden oder wo etwas fehlt.
Dieses Zeichen macht dich darauf aufmerksam: ⚠
Streiche Falsches (Wörter oder Wortteile) durch, fülle Leerstellen aus.

1

⚠ Diese | Mauer | ist | nicht | ______

⚠ ______ | werden | neue | Steine | geliefert ?

⚠ Sand | und | Kies | ______ | auch | noch.

⚠ Der | Maurer | ist | alles | vergessen.

⚠ Gestern | liegt | das | Werkzeug | auf | dem | Gerüst.

⚠ Ich | bin | gefürchtet, | daß | etwas | gestohlen | wird.

2

⚠ ⚠ der	⚠ die	⚠ das
Mauervorsprung	Schaufel	Meßgerät
Mauer	Schaufelstiel	Metermaß
Steinboden	Meßlatte	Stahlrohr
Steinfliese	Metalltür	Eisenstange

3

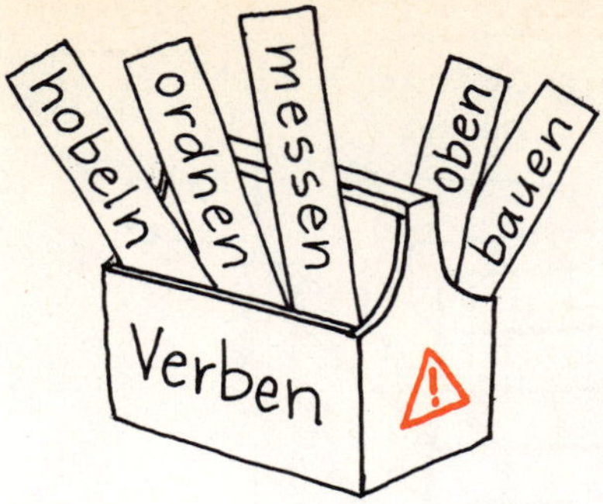
hobeln
ordnen
messen
oben
bauen
Verben

4

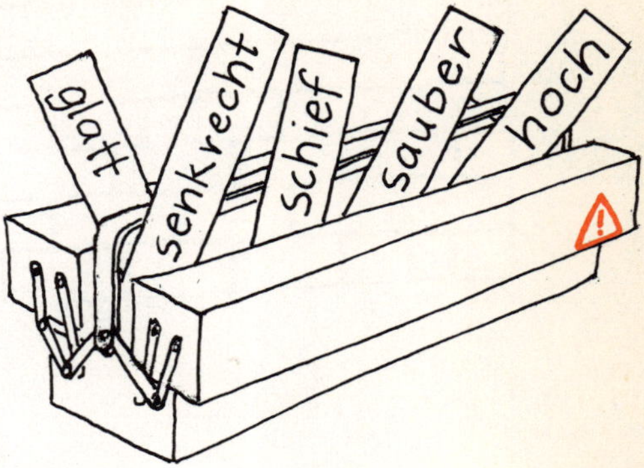
glatt
senkrecht
schief
sauber
hoch

5

Berlin
Rhein
Amerika
ZDF
Pflanze
EIGENNAMEN

6

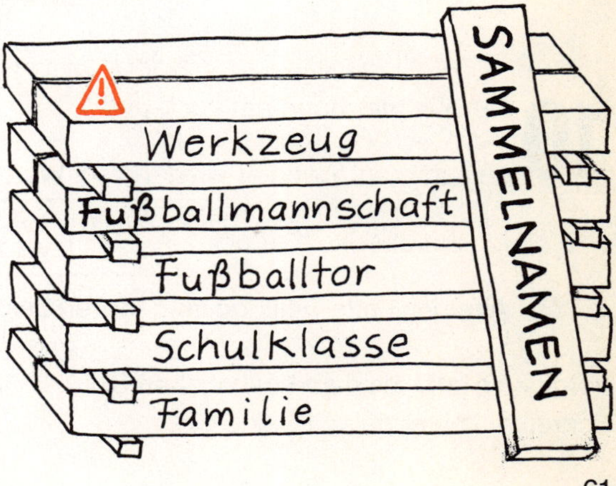
Werkzeug
Fußballmannschaft
Fußballtor
Schulklasse
Familie
SAMMELNAMEN

7

8

Diese Seite ist schief.

Diese Seite ist schieferner.

9

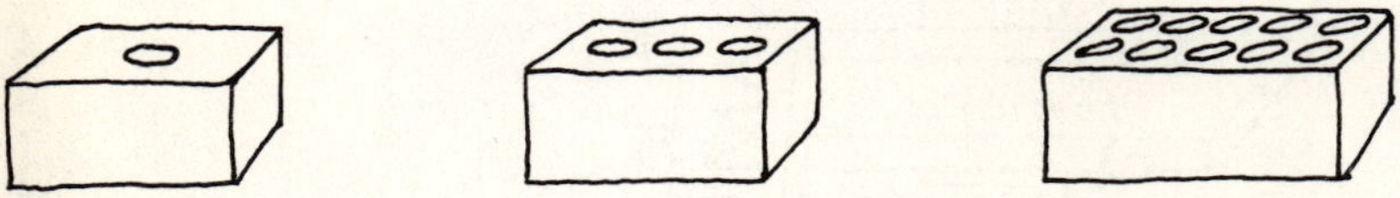

Dieser Stein ist teuer.

Dieser Stein ist teurer.

Dieser Stein ist am meisten teuer.

10

Der Zimmermann hat hoch und [ ] versprochen zu kommen. Wenn er wieder nicht Wort hält, werde ich ihn über kurz oder [ ] hinauswerfen.

Aber ich finde weit und lang keinen besseren.

Vergleiche jetzt mit dem Lösungsheft S. 14.
Schreibe dir hier deine Punkte gut

12

Hier wird gekocht

Tip 50

Ein Geschehen kann in der deutschen Sprache entweder
a) vom Täter aus
oder
b) vom Betroffenen aus gesehen werden.
Wird ein Geschehen vom Täter aus gesehen, bildet man einen *Aktiv-Satz.* Das Verb steht in der *Tatform* (*Aktivform*).
Wird ein Geschehen vom Betroffenen aus gesehen, bildet man einen *Passiv-Satz.* Das Verb steht in der *Leideform* (*Passiv-Form*).

1 Beantworte schriftlich zwei Fragen zu dem Bild. Gebrauche in jeder Antwort das Wort „mischen". Beachte Tip 50.

a) Was tut Mutter mit dem Salat?

Mutter

b) Was geschieht mit dem Salat?

Der Salat

2 *Tatform* oder *Leideform*? *Aktiv* oder *Passiv*?
Schreibe jeweils T (für Tatform) oder L (für Leideform) vor den Satz. Beachte Tip 50.

◯ Mutter richtet einen Salat an. ◯ Jutta hilft. ◯ Mutter wäscht die Salatblätter. ◯ Öl wird beigegeben. ◯ Etwas Salz wird noch gebraucht. ◯ Jutta holt eine Zwiebel. ◯ Die Zwiebel wird geschnitten. ◯ Kräuter werden fein gehackt. ◯ Mutter gibt einige Tropfen Essig hinzu. ◯ Alles wird gut durchgemischt. ◯ Jutta kostet: „Hm, schmeckt prima, Mutti!" ◯ Die Köchinnen werden gelobt.

3 *Sein* oder *werden*?
Schreibe jeweils *sein* oder *werden* in das Kästchen.
Beachte Tip 51.

Tip 51

Die *Leideform* (das *Passiv*) bildet man entweder mit dem Hilfsverb *werden* oder mit dem Hilfsverb *sein.* In der Leideform erleidet man nicht immer etwas.

a) Der Salat ist angerichtet. ☐

b) Nun wird er in Schälchen verteilt. ☐

c) Die Schälchen werden aufgetragen. ☐

d) Jetzt wird der Salat gegessen. ☐

e) Allmählich sind alle gesättigt. ☐

f) „Die Salatsoße wird nicht getrunken, ☐

g) die Salatsoße wird gelöffelt!" ☐

h) Teller, Besteck und Schälchen werden abgeräumt. ☐

i) „Und jetzt wird abgespült!" ☐

k) Das Abendessen ist beendet. ☐

4 Schreibe in Spalte **2** das Mittelwort der Vergangenheit. Suche dir dann für jedes Mittelwort zwei passende Namenwörter, um mit ihnen zwei Sätze in der Leideform zu bilden, die mit „Gestern . . .“ und „Heute . . .“ beginnen.
Benütze ein eigenes Blatt.
Beachte Tip 52.

Tip 52

Die *Leideform* (das *Passiv*) verlangt immer das *Mittelwort der Vergangenheit.* Dieses hat die Endung *(-e)t* oder *-en* und meistens die Vorsilbe *ge-*.

1	2	3
trinken	getrunken	Halma, Milch, Brot, Astern, Semmeln, Reis, Memory, Brief, Tomaten, Nudeln, Saft, Postkarte
essen		
kochen		
spielen		
schreiben		
pflanzen		

5 Unterstreiche, was die folgenden Passivsätze jeder Gruppe gemeinsam haben, mit *roter* Farbe.
Kreise alle Mittelwort-Endungen *(-e)t grün* und alle Mittelwort-Endungen *-en blau* ein.
Beachte Tip 52.

a)

Brot	wird	gebacken.
Wasser	wird	gekocht.
Bier	wird	gebraut.
Holz	wird	geladen.
Schnee	wird	geräumt.
Geld	wird	gezählt.

b)

Früchte	sind	getrocknet.
Schuhe	sind	geputzt.
Blätter	sind	gepreßt.
Betten	sind	gemacht.
Kränze	sind	gewunden.
Teller	sind	gewärmt.

c)

Pflaumen	werden	gedörrt.
Brötchen	werden	geformt.
Tomaten	werden	geschnitten.
Säfte	werden	getrunken.
Briefe	werden	geschrieben.
Körner	werden	gemahlen.

d)

Käse	ist	gerieben.
Sahne	ist	geschlagen.
Salat	ist	gewaschen.
Reis	ist	geschält.
Sand	ist	gestreut.
Maß	ist	genommen.

Tip 53

Die Passivform ist dann notwendig, wenn der „Täter“ (Urheber, Träger einer Handlung) nicht bekannt oder unwichtig ist.

6 Bilde Passiv-Sätze in der Vergangenheitsform. Beachte Tip 53.

a) Schatz
vor vielen Jahren
vergraben

Der Schatz wurde vor vielen Jahren vergraben.

b) Briefmarke
oben rechts
aufkleben

____

c) Mantel
schnell
reinigen

____

d) neue Fenster
zu spät
liefern

____

e) Fehler
sofort
verbessern

____

f) Fahrrad
gestern mittag
stehlen

Tip 54

Nicht alle Sätze können ins Passiv gesetzt werden.

7 Kreuze diejenigen Sätze an,
die man nicht ins Passiv setzen kann.
Beachte Tip 54.

a) ◯ Großvater schläft oft lange.

b) ◯ Mutter klopft den Teppich aus.

c) ◯ Gerda schläft sich aus.

d) ◯ Die Schneiderin ändert das Kleid um.

e) ◯ Fanny wäscht sich nicht gerne.

f) ◯ Franz stellt sich an der Kasse an.

g) ◯ Hannes läuft zur Bushaltestelle.

8 Oma erzählt ihrer Tochter,
wie sie früher immer Apfelküchlein gemacht hat.
Schreibe aus Omas Erzählung ein Rezept.
Benutze die Leideform.
Nimm hierfür ein eigenes Blatt.
Beachte Tips 50–53.

Ich schälte die Äpfel. Ich entfernte das Kerngehäuse. Die Äpfel schnitt ich in dicke Scheiben. Die Apfelscheiben beträufelte ich mit Zitronensaft. Aus Mehl, Eigelb, Milch und Salz rührte ich einen zähflüssigen Teig. Eiweiß schlug ich zu Schnee und hob es unter den Teig. Ich erhitzte Backfett. Die Apfelscheiben tauchte ich in den Teig. Ich buk sie, bis sie goldgelb waren.

9 Beschreibe nach dem vorgegebenen Beispiel, was jeweils geschah. Verwende abwechselnd *werden* und *sein.*

Die Blumen wurden gepflückt.

Blumen pflücken

Dose öffnen

Blätter pressen

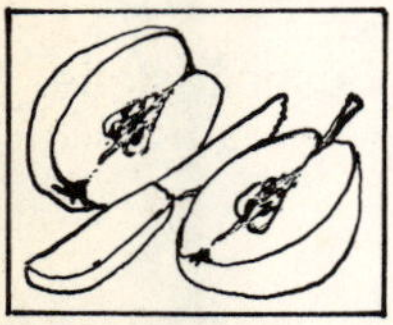

Apfel halbieren

Nuß knacken

Mütze stricken

Vergleiche jetzt mit dem Lösungsheft S. 15.
Schreibe dir hier deine Punkte gut

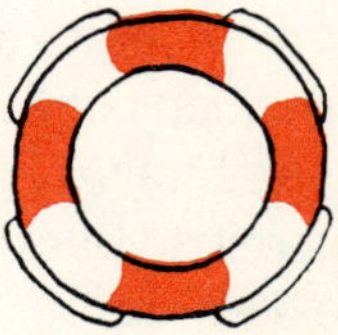

13 Teekanne oder Kaffeekanne – das ist nicht egal!

Vater zu Gabi: „Gib mir, bitte, mal die Kanne her!“
Gabi reicht Vater eine Kanne.
Vater gießt sich ein.
Vater: „Ich wollte doch Kaffee, nicht Tee!“

1 Vater hat sich nicht deutlich ausgedrückt.
Setze die richtigen Wörter ein.

Statt der ____________kanne reichte Gabi ihrem Vater

die ____________kanne.

In der ______________________________ ist **Kaffee**.

In der ______________________________ ist **Tee**.

Tip 55

Namenwörter können aus zwei Namenwörtern zusammengesetzt sein. Der erste Bestandteil des zusammengesetzten Namenwortes ist das *Bestimmungswort.* Es bestimmt den zweiten Bestandteil, das *Grundwort,* näher.

a)

b)

c)

d)

2 Welche Kannen sind das?
Bestimme die Kannen näher.
Beachte auch Tip 55.

a) Eine Kanne für ______________ ist eine ______________________________.

b) Eine Kanne für ______________ ist eine ______________________________.

c) Eine Kanne für ______________ ist eine ______________________________.

d) Eine Kanne für ______________ ist eine ______________________________.

3 Wähle aus der Liste Wörter für Materialien aus,
aus denen Kannen sein können.
Schreibe auf ein Blatt, um welche Kannen es sich dabei handelt.
Ordne die Wörter nach dem Abc.
Beachte Tip 55.

Glas	Stroh	Blech	Wachs	Eisen	Plastik	Kupfer
Porzellan	Aluminium	Holz	Zinn	Stein		
Papier	Leder	Weide	Messing	Baumwolle	Horn	

4 Für jede Gruppe von Bestimmungswörtern hast du eines der folgenden Grundwörter zur Auswahl.
Schreibe alle 15 zusammengesetzten Wörter mit dem bestimmten Begleiter auf ein Blatt.
Beachte Tips 55 und 56.

Tip 56

In einem zusammengesetzten Namenwort richtet sich der Begleiter immer nach dem Grundwort.

Bestimmungswörter:

a	b	c	d	e
Sonne Regen Lampe	Wolle Wind Anzug	Waren Block Stein	Katze Vogel Hund	Abend Festtag Sommer

Grundwörter:

Jacke Haus Futter Schirm Kleid

5 Unterscheide Grundwort und Bestimmungswort.
Stelle, je nach Angabe, das Grundwort oder das Bestimmungswort als Bild dar.
Beachte Tip 55.

① Milchtopf ② Ohrring ③ Hausmeister ④ Mantelknopf
⑤ Rührlöffel ⑥ Bergschuh ⑦ Sonnenbrille ⑧ Latzhose
⑨ Eiswaffel ⑩ Turmuhr

① Grundwort	② Bestimmungswort	③ Bestimmungswort	④ Grundwort
⑤ Grundwort	⑥ Bestimmungswort	⑦ Grundwort	⑧ Grundwort
⑨ Bestimmungswort	⑩ Grundwort		

Tip 57

Namenwörter können sowohl als Bestimmungswort als auch als Grundwort verwendet werden.

6 Fülle die Lücken aus.
Beachte Tip 57.

Das ist der ______________________________

mit seinem ______________________________

In Maurermeister wird der ______________________ näher bestimmt.

In Meisterbrief wird der ______________________ näher bestimmt.

7 Die folgenden Wörter sollst du nach dem Beispiel
a) als Grundwort,
b) als Bestimmungswort verwenden.
Erfinde passende Wortzusammensetzungen wie in Aufgabe **6**.
Beachte Tip 57.

	Nuß	Haus	Schlüssel	Apfel
a)	Walnuß			
b)	Nußschale			

	Nagel	Mist	Tür	Blatt
a)				
b)				

8 Zweierlei Brot.
Beschrifte die Bilder.
Beachte Tip 58.

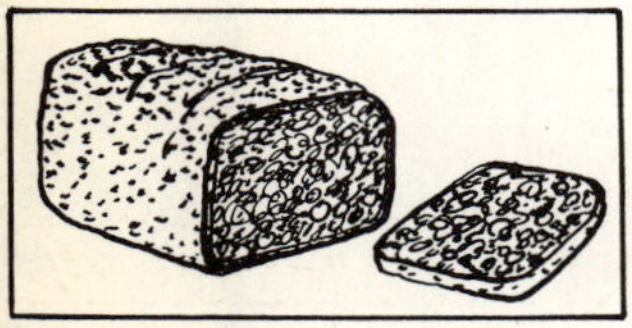

Tip 58

Namenwörter können aus Adjektiv und Namenwort zusammengesetzt sein. Hier ist das Adjektiv das Bestimmungswort, das Namenwort das Grundwort.

1. ______________________ 2. ______________________

9 Welches Namenwort bildet mit dem Adjektiv ein sinnvolles zusammengesetztes Namenwort? Schreibe die Wörter mit dem unbestimmten Begleiter auf.
Beachte Tips 56 und 58.

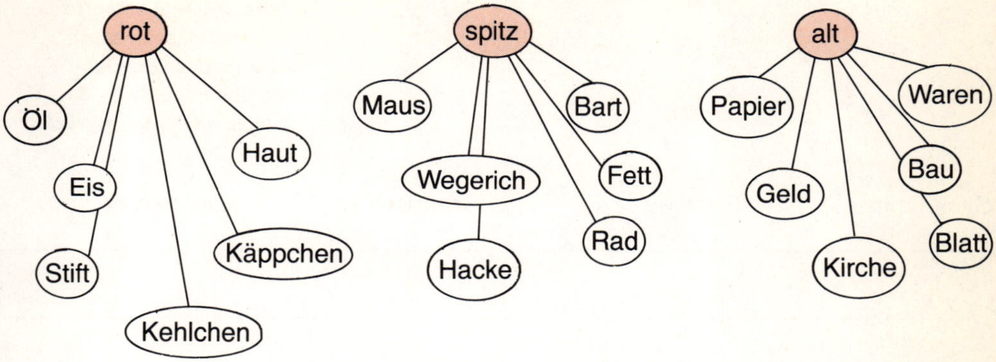

10 Suche in jedem der folgenden Sätze die beiden zusammengesetzten Namenwörter.
Unterstreiche bei ihnen, je nach Angabe, das Bestimmungswort *B* oder das Grundwort *G* farbig.
Beachte Tip 58.

a) *B* In Schönwiesen kauften wir Blaubeeren.
b) *G* Altpapier sammeln schon Kleinkinder.
c) *B* Im Großmarkt gibt es billiges Frischgemüse.
d) *G* Das Jungvieh wird auf die Grünflächen getrieben.
e) *B* Zu Dickmilch paßt Schwarzbrot gut.
f) *G* Schwerarbeit wird am Neubau geleistet.

11 Kreise jeweils das Bestimmungswort ein.
Schreibe in die Kästchen das Verb, von dem es abgeleitet wurde.
Beachte Tip 59.

Tip 59

Namenwörter können aus Verb und Namenwort zusammengesetzt sein. Hier ist das Verb das Bestimmungswort, das Namenwort das Grundwort.

Singstimme	Gehweg	Turnhose	Kochrezept
singen			
Fahrrad	Spielwiese	Gießkanne	Senkblei
Gleitschuh	Eßbesteck	Trinkglas	Schwimmbad

12 Gib an, ob das Bestimmungswort ein Namenwort (x), ein Verb (xx) oder ein Adjektiv (xxx) ist.
Beachte die Tips 55, 58 und 59.

Steinpilz	( )	Sehschärfe	( )	Hellseher	( )
Tennisball	( )	Rotlicht	( )	Meerschweinchen	( )
Frauenschuh	( )	Windhund	( )	Reinschrift	( )
Schwerkraft	( )	Kirchturm	( )	Suchbild	( )

Vergleiche jetzt mit dem Lösungsheft S. 17.
Schreibe dir hier deine Punkte gut

14

Bitte, geben Sie mir diesen Käse!

Ursula kauft ein.
Sie weiß nicht mehr, wie die Käse-, Wurst- oder Brotsorte heißt, die sie einkaufen soll. Ursula weiß aber, wie die Sorten aussehen. Deshalb zeigt Ursula auf die bestimmten Waren, die sie will, hin.

Tip 60

***dieser, diese, dieses* sind hinweisende Fürwörter (Pronomina).**
Das hinweisende Fürwort hilft uns, über Dinge oder Wesen zu sprechen, die wir nicht direkt benennen können.

1 Sprich die Wünsche, die Ursula in den drei Lebensmittelabteilungen äußert, mit richtiger Betonung.
Beachte Tip 60.

2 Ergänze zuerst mündlich, dann schriftlich, und sprich dabei deutlich.
Beachte Tip 60.

Bitte, von ________________ Salat!

Bitte, ________________ Öl!

Bitte, ein Pfund ________________ Apfelsorte!

Bitte, ________________ Gummi, nicht ________________!

________________ Band paßt zu ________________ Papier besser als ________________.

Bitte, nicht in ____________ Augenblick!

Bitte, ____________ Katze niemals ____________ Futter!

Für ____________ Größe ____________ Nummer!

Tip 61

***

Auch die Begleiter *der, die, das* können als hinweisende Fürwörter (Pronomen) verwendet werden. Das ist am besten an der Betonung der Wörtchen *der, die, das* zu erkennen.

3 Fülle die Leerstellen aus.
Beachte Tip 61.

a) Suse bemerkte, daß ein Kunde eine Tafel Schokolade entwendete. Sie weiß nicht, wie der Dieb heißt. Sie ruft:

[ ] war es!

b) Suse möchte eine von drei Verkäuferinnen sprechen, die sie kennt, jedoch nur durch eine Glasscheibe sieht. Sie sagt:

[ ] will ich sprechen!

c) Suse darf sich zur Belohnung ein Päckchen Kaugummi aussuchen. Sie wählt aus vier Sorten aus und sagt:

[ ] möchte ich haben!

d) Suse vergaß, ein bestimmtes Waschmittel einzukaufen, das ganz oben im Regal steht. Sie läuft zurück und zeigt auf das gewünschte Waschmittel:

Bitte, [ ] da oben!

e) Suse kommt nach Hause. Sie ist ganz verwirrt. Zu ihrem Pech hat sie den Geldbeutel liegen lassen, den rotledernen, neuen. Mutter sagt: Ausgerechnet [ ]!

4 Suche in folgendem Text alle persönlichen Fürwörter, unterstreiche sie und trage sie in die Tabelle (1. Zeile) ein.
Beachte Tip 62.

Tip 62

ich, du, er, sie, es, wir, ihr, sie **können anstelle von Personen, aber auch von Sachen auftreten. Sie heißen persönliche Fürwörter.**

Das steht auf Utes Wunschliste	Das denkt sich Ute beim Gang durch den Supermarkt
eine Puppe	– sie soll Schlafaugen haben
ein Pony	– es braucht nur eins aus Stoff zu sein
ein Werkzeugkasten	– er sollte zwei Zangen enthalten
ein Memory	– wir könnten in der Pause damit spielen
Glaskügelchen	– sie sind für meinen Bruder
bunte Zopfspangen	– ihr werdet staunen!
Heftschoner	– ich brauche sie für übermorgen
neue Schi	– du sollst doch sparsam sein!

Persönliche Fürwörter (Pronomina)								
Zahl →	Einzahl					Mehrzahl		
Person →	1.	2.	3.			1.	2.	3.
Geschlecht → / Fall ↓			männlich	weiblich	sächlich			
Wer-Fall								
Wessen-Fall	meiner	deiner	seiner	ihrer	seiner	unser	euer	ihrer
Wem-Fall			ihm		ihm			ihnen
Wen-Fall			ihn		es			sie

5 In den Sätzen der folgenden Unterhaltung findest du viele persönliche Fürwörter.
Kreise sie ein.
Ein Beispiel ist schon vorgegeben.
Ergänze dann die Tabelle in Aufgabe **4** mit diesen eingekreisten Fürwörtern.
Beachte Tip 62.

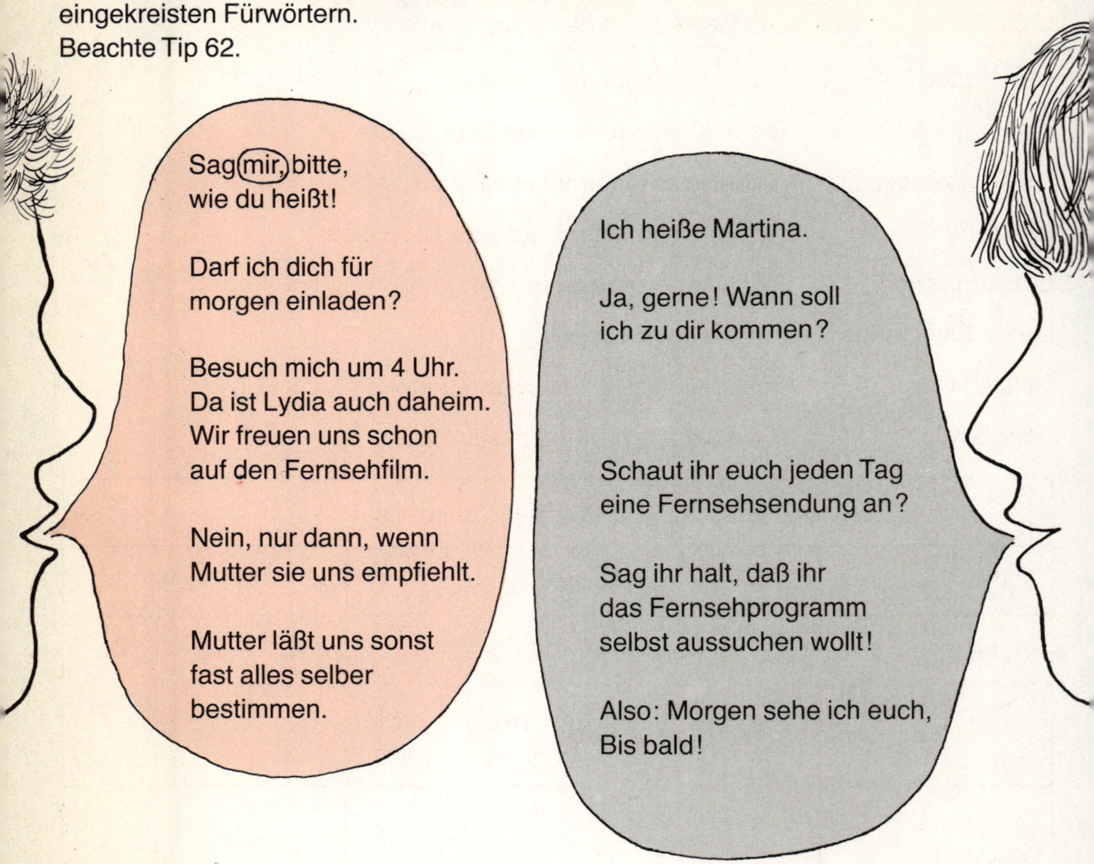

Tip 63

Die persönlichen Fürwörter helfen beim Aufsatzschreiben. Langweilige Wiederholungen des gleichen Namenwortes können damit vermieden werden.

6 Schreibe den folgenden Text um.
Setze, wo es dir günstig erscheint, anstelle von *Hans* jeweils das persönliche Fürwort ein.
Benütze ein eigenes Blatt.
Beachte Tip 63.

Hans hat Ärger

Hans freute sich auf Jürgen und Christoph. Es sind Freunde von Hans. Jürgen erklärte Hans, daß er Hans keine Bücher mehr leihen will. Hans fragte Jürgen, warum er das sagte. Jürgen schob Hans einfach zur Seite. Hans gab seinem Freund einen Schubs. Jürgen fiel zu Boden. Jetzt stürzte sich Hans auf Jürgen. Sie keilten sich. Hans blutete an der rechten Hand. „Hans kannst du vergessen", sagte Christoph. Hans zog davon. Jürgen und Christoph machten Hans lange Nasen. Das war Hans egal. Aber trotzdem ärgerte sich Hans noch lange.

7 In Briefen stehen folgende Sätze. Schreibe in die Kästchen daneben die darin vorkommenden persönlichen Anredefürwörter. Beachte Tip 64.

a) Ich mag Sie gerne. [ ]

b) Ich sagte ihnen, daß man Sie davon in Kenntnis setzen sollte. [ ]

c) Ihnen allen wünsche ich nur das Beste. [ ]

d) Gern würde ich mich Ihrer annehmen. [ ]

e) Sie sollten öfter mal zu uns kommen. [ ]

f) Bei Ihnen war es am schönsten. [ ]

Tip 64

Fremde Erwachsene werden (zum Beispiel im Brief) mit der Anrede- oder Höflichkeitsform *Sie, Ihnen, Ihrer* angesprochen bzw. angeschrieben. Diese persönlichen Fürwörter schreibt man (zum Beispiel im Brief) groß.

8 Unterstreiche alle besitzanzeigenden Fürwörter in den folgenden Sätzen. Kreise die besitzanzeigenden Fürwörter ein, die nicht Begleiter eines Namenwortes sind. Beachte Tip 65.

Tip 65

mein(e), dein(e), sein(e), ihr(e), sein(e), unser(e) **sind besitzanzeigende Fürwörter (Pronomina). Sie sagen, daß etwas zusammengehört. Meistens sind sie Begleiter des Namenwortes.**

a) Gib mir mein Buch zurück! Es ist nicht deins.

b) Das war seine Schwester, nicht meine.

c) Sag doch ihrem Bruder, wo unser Versteck ist!

d) Laß ihre Zöpfe los! Es sind nicht die deinen.

e) Das hat unsere Gruppe zuerst herausgefunden.

In deiner Gruppe waren sie mit ihren Lösungen zu spät dran.

Vergleiche jetzt mit dem Lösungsheft S. 18.
Schreibe dir hier deine Punkte gut

15

Ein Garten macht Spaß

1 Versuche, mit möglichst kurzen Sätzen zu beschreiben, was auf dem Bild geschieht. Die Satzkerne sind schon vorgegeben. Beachte Tip 66.

Tip 66

Vollständige Sätze müssen mindestens zwei Satzglieder haben: den Satzkern (vgl. 10) und den Satzgegenstand. Der Satzgegenstand heißt auch Subjekt.

______________________________ singt.

______________________________ arbeitet.

______________________________ erntet.

______________________________ blühen.

______________________________ sind reif.

______________________________ spielen.

2 Unterstreiche in den folgenden Sätzen jeweils den Satzgegenstand.
Beachte Tip 67.

Tip 67

Der Satzgegenstand besteht aus einem Namenwort oder einem Fürwort.

Der Vater sticht um. Er muß sich plagen. Der Boden ist sehr hart. Aber Vater schafft es. Ute und Theo haben es leichter. Trotzdem jammert Ute: Du wirfst den Ball viel zu stark! Am meisten freut sich die Mutter. Die Apfelernte kann endlich beginnen. Bald ist der Korb voll.

Tip 68

Nach dem Satzgegenstand fragt man mit Wer? (bei Personen) oder Was? (bei Sachen). Der Satzgegenstand steht immer im Wer-Fall (1. Fall).

3 Bestimme auch in diesen erweiterten Sätzen den Satzgegenstand und rahme ihn ein.
Aufpassen, jetzt gibt es mehrere Namenwörter im Satz!
Beachte Tip 68.

Alle Äpfel kann Mutter nicht erreichen. Sie holt die Leiter. Jetzt bleibt kein Apfel mehr am Baum. Der Vater mahnt die Kinder: Ihr sollt doch den Ball nicht immer in das Beet werfen! Theo will Ute ärgern. Plötzlich wirft er den Ball Vater an den Rücken und ruft: Ute war es!

4 Bilde Sätze aus den Satzgliedern in den Kästchen.
Setze den Satzgegenstand jeweils in den Rahmen.
Beachte die Tips 67 und 68.

a)
Opa
Ute und Theo
hat geschenkt
einen kleinen
Baum

b)
ein Platz
für den Baum
im Garten
muß
gefunden
werden

c)
das Loch
gräbt Vater

d)
pflanzen
gemeinsam
den Baum
die Kinder

e)
fotografieren
muß
Vater
Ute und Theo
neben dem
Baum

5 Verändere die Sätze, die du bei Aufgabe **4** geschrieben hast, jetzt so, daß der Satzgegenstand nicht mehr am Satzanfang steht.
Schreibe die Sätze in der neuen Anordnung auf und rahme den Satzgegenstand wieder ein.
Beachte Tip 69.

Tip 69

Im Aussagesatz, der aus mehreren Satzgliedern besteht, muß der Satzgegenstand nicht am Satzanfang stehen. Er kann auch hinter den Satzkern oder zwischen die Teile des Satzkerns rücken.

a) ______________________________

____

b) ______________________________

____

c) ______________________________

d) ______________________________

____

e) ______________________________

____

Tip 70

Die Befehlsform des Verbs enthält den Satzgegenstand (*du* oder *ihr*). Aufforderungssätze brauchen daher keinen eigenen Satzgegenstand.
Alle anderen Sätze ohne Satzgegenstand sind unvollständig.

6 Bei den folgenden Sätzen findest du keinen Satzgegenstand.
Schreibe auf, welche Wörter man sich als Satzgegenstand denken könnte.
Beachte Tip 70.

	Gedachter Satzgegenstand		Gedachter Satzgegenstand
Fang endlich an!	du	Danke schön.	
Komm schon!		Schon gut!	
Macht weiter!		Nicht schlecht!	
Keine Ahnung!		Hört endlich auf!	

Vergleiche jetzt mit dem Lösungsheft S. 19.
Schreibe dir hier deine Punkte gut

16 Autofahren – gefährlich nicht nur für den Fahrer!

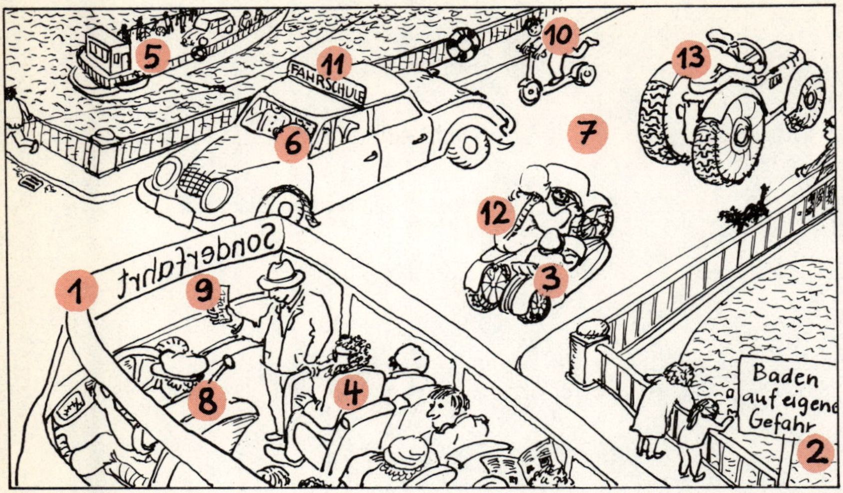

1 Schreibe die verschiedenen Fahrer, die du auf diesem Bild siehst, auf. Beachte Tip 71.

Tip 71

Wörter können miteinander verwandt sein.

Ich sehe einen

______________________ ______________________

______________________ ______________________

______________________ ______________________

______________________ ______________________

2 Bilde Reihensätze mit *fährt*, wie es das Beispiel zeigt. Beachte Tip 72.

a) Der Busfahrer
fährt mit dem Bus.

Tip 72

Von Wörtern können andere Wörter abgeleitet sein. Dabei kann sich der Selbstlaut zu einem Umlaut verändern.

b) ____

____

c) ____

____

d) ____

____

e) ____

____

f) ____

____

Tip 73

Wörter, die den gleichen Stamm haben (Beispiel: *-fahr-*) sind stammverwandt. Stammverwandte Wörter bilden eine Wortfamilie. Die Familienmitglieder gehören auch inhaltlich zusammen.

3 Beschrifte die Teile des Bildes, die beziffert sind. Beachte Tip 73.

① ____________________

② ____________________ ⑧ ____________________

③ ____________________ ⑨ ____________________

④ ____________________ ⑩ ____________________

⑤ ____________________ ⑪ ____________________

⑥ ____________________ ⑫ ____________________

⑦ ____________________ ⑬ ____________________

4

Ordne die Wörter aus Aufgabe **3** nach den angegebenen Gesichtspunkten. Beachte Tip 73.

-fahrt

-fahr

Fahr-

-fahrer

Fähr-

5

Bilde mit den Wörtern aus der Gruppe (A) Wortzusammensetzungen mit *-fahrt.* Bilde dann mit den Bildwörtern aus der Gruppe (B) Wortzusammensetzungen mit *Fahr-* und denke dir dazu passende Sätze oder kurze Geschichten aus.
Benütze ein eigenes Blatt. Beachte Tip 73.

(A)

Kahn	Bahn	Dampfer	Entdeckung
Omnibus	Auto	Raum	Pilger
Urlaub	Vergnügen	See	Gemeinschaft

(B)

6 In diesem Gitter stehen waagrecht 9, senkrecht 4 Wörter, die zur Wortfamilie *fahren* gehören.
Fahre sie mit einem Stift nach.
Ordne diese 13 Wörter nach Namenwörtern, Adjektiven / Mittelwörtern und Verben.
Verwende ein eigenes Blatt.

			G		F	A	H	R	B	A	R		B	
		G	E		A	G	E	F	Ä	H	R	D	E	T
	G	E	F	Ä	H	R	L	I	C	H			F	
		F	Ä	H	R	E		F	A	H	R	R	A	D
	F	A	H	R	B	E	R	E	I	T			H	
F	A	H	R	K	A	R	T	E					R	
		R	T		H		F	A	H	R	I	G	E	
			E	I	N	F	A	H	R	E	N		N	

7 Die folgenden Wörtchen und Vorsilben lassen sich mit *fahren* zusammensetzen.
Schreibe die Zusammensetzungen auf.
Daneben schreibst du jeweils das entsprechende Namenwort, falls möglich.
Beachte Tip 74.

Tip 74

Wörtchen und Vorsilben verändern den Sinn stammverwandter Wörter.

aus-	ent-	hin-	ge-
vor-	be-	an-	bei-
ab-	ver-	durch-	mit-
zu-	weg-	los-	her-

8 In dieser Wörtersammlung sind Wörter versteckt, die zur Wortfamilie *stehen* gehören. Kreise diese Wörter ein.
Überlege, wie sie inhaltlich zusammengehören.
Beachte Tips 71 – 74.

Verstand	**Bestellung**	**Einverständnis**	**gestanden**	**unstet**	
überstehen	**Stellungnahme**	**Anstand**	**Auferstehung**	**stets**	
Stern	**abstehend**	**im Stehen**	**Stall**	**Vorsteherin**	**saß**
aufstehen	**ständig**	**Stehlampe**	**Bestand**	**Kleiderständer**	
nicht bestanden	**Wasserstand**	**Stein**	**Verstehst du es?**		
Stetigkeit	**einverstanden**	**Abstand**	**unanständig**	**Gestell**	
Bestandsaufnahme					

9 Diese Wortreihen sind einem Wörterbuch entnommen.
Streiche diejenigen Wörter aus,
die nicht zur jeweils angegebenen Wortfamilie gehören.
Beachte Tips 71–73.

Wortfamilie ***fallen***	Wortfamilie ***finden***	Wortfamilie ***füllen***	Wortfamilie ***fragen***
Falke	Findelhaus	Führer	Fracht
Falkner	Findelkind	Führung	Frachtbrief
Fall	finden	Fuhrwerk	Frack
Fallbeil	Finder	Fuhrwesen	Frage
Fallbrücke	Finderlohn	Fülle	Fragebogen
Falle	findig	füllen	Fragefürwort
fallen	Findling	Füllen	Fragekasten
fällen	Finger	Füller	fragen
Fallensteller	fingerbreit	Füllertinte	Frager
Fallgrube	Fingerhut	Füllfederhalter	Fragerei
fällig		Füllhorn	Fragesatz
Fallobst		füllig	Fragewort
falls		Füllmittel	Fragezeichen
Fallschirm		Füllsel	fragil
falsch		Füllung	fraglich
fälschen		Füllwort	fraglos
Falte		fulminant	Fragment
Falter		fummeln	fragwürdig
faltig		Fund	Fraktur
Falz		Fundament	

Vergleiche jetzt mit dem Lösungsheft S. 20.
Schreibe dir hier deine Punkte gut

17 Pünktlich um zwölf Uhr fünf . . .

Pünktlich um zwölf Uhr fünf beginnt die Turnstunde. „Stellt euch, bitte, in Zweierreihen auf!“ Die Lehrerin unterrichtet 30 Kinder. Davon sind 15 Mädchen, 15 Jungen. Eine Schülerin turnt heute nicht mit. Sie hat sich etliche Tage zuvor den Knöchel verstaucht.

„Abzählen! Eins, zwei, drei . . .!“ Manche Kinder verzählen sich. Nach fünf Minuten stehen je zwei Kinder nebeneinander. Ein Junge bleibt übrig. Er stellt sich neben die Lehrerin. Alle laufen im Kreis, bis sich jeder erwärmt hat. Viele Male wurde das schon geübt.

Acht Kinder schleppen nach und nach vier Matten heran. 20 Minuten „Rolle vorwärts“! Es bleibt leider nur wenig Zeit für das Ballspielen. Um 13 Uhr ist Schluß.

1 Lies den Text oben.
Einige Zahlen sind mit Ziffern geschrieben.
Setze sie in die Kästchen.
Schreibe die Zahlwörter daneben.
Beachte Tip 75.

Tip 75

Die Wörter der Zahlenfolge von null an (eins, zwei, drei usw.) heißen Grundzahlen (Kardinalzahlen). Sie nennen eine bestimmte Anzahl. Deshalb werden sie auch bestimmte Zahlwörter genannt.

2 Bei einem Spiel bekommen einige Jungen Ziffern „auf den Leib geschrieben“.
Schreibe auf, wie die Lehrerin die Ziffernträger ruft. Beachte Tip 75.

vier, ______________________________

____

____

____

3 Schau dir die Reihe der Jungen (Aufgabe **2**) noch einmal an.
Die Jungen stehen von links nach rechts in einer bestimmten Ordnung nebeneinander.
Trage in die Kästchen (Aufgabe **2**) die Ordnungszahlen mit Punkt von links nach rechts ein.
Schreibe dann auf ein eigenes Blatt Reihensätze nach dem angegebenen Beispiel unten.
Beachte Tips 76 und 77.
Beispiel:

Nummer 4 ist der erste Junge.

Tip 76

Die Wörter der Zählfolge (der, die, das) erste, zweite, dritte usw. geben Ordnungszahlen oder Ordinalzahlen an.

4 Schau die Kinder von links nach rechts an.
Was tut das erste Kind, das zweite usw.?
Fülle die Leerstellen aus.
Beachte Tips 76 und 77.

Das ____________ Kind sitzt.
Das ____________ Kind liegt am Boden.
Das ____________ Kind schläft.
Das ____________ Kind malt.

Das ____________ Kind steht.
Das ____________ Kind ißt eine Banane.
Das ____________ Kind kniet.

Tip 77

Die bestimmten Zahlwörter (Grundzahlen und Ordnungszahlen) können wie Adjektive gebraucht werden. Sie stehen dann immer vor dem Namenwort.

5 Für einen Salat werden die im Bild gezeigten Mengen an Zutaten benötigt.
Zähle (in Wörtern) die Zutaten zwischen Kommas auf.
Beachte Tip 77.

zwei Eier, ____

____

____

____

6 Schreibe die Zutaten für ein Salatrezept auf.
(Siehe Aufgabe **5**.)
Darin sollen keine bestimmten Mengen angegeben werden.
(Die Hausfrau kocht mit „Fingerspitzengefühl“!)
Benutze unbestimmte Zahlwörter.
Beachte Tip 78.

einige Eier, ____

____

____

Tip 78

Weiß man keine bestimmte Anzahl oder Ordnung, so benutzt man unbestimmte Zahlwörter, zum Beispiel: mehrere, wenig(e), viel(e), einige, einzelne, manche(r, s), alle(s), jede(r, s), keiner (e, s), etwas.

7 Im Anfangstext (Seite 92) stehen ebenfalls unbestimmte Zahlwörter.
Schau nach.
Schreibe sie hier in Großbuchstaben auf.
Sie passen genau in die Buchstabenkästchen hinein.
Beachte Tip 78.

8 Gib jeder Zeile des folgenden Liedanfangs eine Ordnungszahl von 1 bis 6.
Setze Punkte nach den Ordnungszahlen.
Beantworte dann die folgenden Fragen.
Schreibe die Antworten auf ein eigenes Blatt.
Beachte Tips 75 und 76.

☐ **Kein schöner Land**
☐ Kein schöner Land in dieser Zeit
☐ Als hier das uns're weit und breit,
☐ Wo wir uns finden,
☐ Wohl unter Linden
☐ Zur Abendzeit.

In welcher Zeile

a) kommen zwei Reimwörter vor?
b) steht ein Wort für Laubbäume?
c) beginnen die ersten beiden Wörter mit „w“?
d) steht ein zusammengesetztes Namenwort?
e) befindet sich die Überschrift?
f) stehen vergleichsweise die meisten Wörter?
g) beginnt das vierte Wort mit „i“?
h) steht ein persönliches Fürwort?

9 Streiche in den folgenden Zeilen an, was nach Tip 79 falsch ist.

Tip 79

Die bestimmten Zahlenangaben werden meistens in Ziffern geschrieben. Die Zahlen 1 bis 12 werden aber häufig in Wörtern geschrieben und gedruckt.

a) Zweiundzwanzig Jahre ist Herr Jung schon alt.

b) Geben Sie mir zwei, nein drei Kilo Birnen!

c) 13 Mark kostet hier der Schweinebraten.

d) Der Junge dürfte knapp dreizehn sein.

e) In acht Tagen hat er 14mal telefoniert.

f) Alle 7 Jahre wechselt der Mensch seine Haut.

g) Die zwanzig Besten der Klasse bekommen je 1 Buch.

h) Etwa hunderttausend Menschen wohnen hier.

i) Gab es vor einer Million Jahren schon Feuer?

Vergleiche jetzt mit dem Lösungsheft S. 21.
Schreibe dir hier deine Punkte gut

18

Tina füttert ihre Katzen

Muschi und Mimi haben ____________________

Susi erwärmt ____________________

Sie holt ____________________

Sie füllt ____________________

Dann nimmt Tina ____________________

Sie zerschneidet ____________________

Mimi hebt ____________________

Sie stiehlt ____________________

Die Kätzchen lecken ____________________ aus.

Muschi putzt ____________________

1 Diese Sätze ergeben keinen Sinn.
Ergänze sie zu sinnvollen Sätzen.
Verwende dazu die im Kästchen vorgegebenen Objekte.
Setze die richtigen Begleiter.
Beachte Tip 80.

Milch	Hunger	sich	Fisch	sie
Pfote	Schälchen	Stück	ihn	Napf

Tip 80

Für viele deutsche Sätze reichen die Satzglieder Satzkern und Satzgegenstand nicht aus. Sie brauchen eine Ergänzung. Die Satzergänzung heißt auch Objekt. Ob eine Satzergänzung notwendig ist, hängt vom Verb ab.

2 Die Satzergänzungen in Aufgabe **1** stehen alle im gleichen Fall.

Sie stehen im ______________________________

Man nennt sie ______________________________

Fülle die Lücken aus.
Beachte Tip 81.

Tip 81

Satzergänzungen können im Wen-Fall (Akkusativ) oder im Wem-Fall (Dativ) stehen. Die Wen-Fall-Ergänzung heißt Akkusativobjekt, die Wem-Fall-Ergänzung heißt Dativobjekt. Akkusativergänzungen geben Antwort auf die Frage *Wen oder was*? Nach Dativergänzungen fragt man mit der Frage *Wem*?

3 Auch in diesen Sätzen stehen Satzergänzungen.
Unterstreiche die Wen-Fall-Ergänzungen einmal, die Wem-Fall-Ergänzungen zweimal.
Beachte Tip 81.

Hans besitzt einen Dackel. Waldi gehorcht Hans fast immer. Hans ruft Waldi. Aber Waldi sieht eine Dackeldame. Beide überqueren die Straße. Beinahe überfährt sie ein Auto. Hans holt seinen Hund zurück. Er droht ihm. Schuldbewußt senkt Waldi den Blick. Da verzeiht Hans seinem Hund.

4 Entscheide, ob eine Ergänzung im Wen-Fall oder eine Ergänzung im Wem-Fall paßt.
Setze richtig ein.
Beachte Tip 81.

Birgit will ______________________ (ein Hamster). Sie bettelt ______________________ (ihr Vater).

Vater hört ______ (sie) aufmerksam zu. Er kann ______________________ (seine Tochter)

nichts abschlagen. Birgit kauft ______________________ (ein Hamsterpärchen).

Die Mutter traut ______________________ (ihre Augen) nicht.

Nach kurzer Zeit laufen ______________________________ viele kleine
die Hamstermutter

Hamster nach. Die Mutter redet __________________ zu:
ihre Tochter

Ich will ____ nicht weh tun, aber du mußt __________________
du die Hamster

wieder verschenken.

Tip 82

Manche Verben können eine Wem-Fall-Ergänzung und eine Wen-Fall-Ergänzung haben. Meistens steht eine Person im Dativobjekt, eine Sache im Akkusativobjekt.

5 Bilde mit folgenden Verben Sätze, die eine Dativergänzung und eine Akkusativergänzung haben. Verwende dazu die vorgegebenen Namenwörter im richtigen Fall.
Wähle als Satzgegenstand Namen, die dir gefallen.
Beachte Tip 82.

Rosi verspricht ihrer Schwester ein Meerschweinchen.

verspricht	ein Meerschweinchen
	ihre Schwester

____

kauft	ihr Hund
	eine Dose Hundigutgut

____

entreißt	der Pantoffel
	der Dackel

____

gibt	die Vögel
	das Futter

kauft ab	der Esel
	der Mann vom Zirkus

wirft zu	der Wollknäuel
	die Katze

verdankt	der Blindenhund
	das Leben

6 Rahme alle Akkusativ- und Dativ-Ergänzungen ein.
Beachte Tip 83.

Tip 83

Satzergänzungen im Dativ und im Akkusativ können Namenwörter, Fürwörter und Zahlwörter sein.

7 Lies noch einmal die Satzergänzungen, die du in Aufgabe **6** eingerahmt hast. Überlege dann, aus welchen Wörtern diese Satzergänzungen bestehen, und kreuze hier an, was richtig ist.

Satzergänzungen bestehen aus:
- ☐ Namenwort
- ☐ Namenwort + Begleiter
- ☐ Namenwort + Verb
- ☐ Namenwort + Zahlwort
- ☐ Namenwort + Fürwort
- ☐ Zahlwort
- ☐ Verb
- ☐ Fürwort

Vergleiche jetzt mit dem Lösungsheft S. 22.
Schreibe dir hier deine Punkte gut

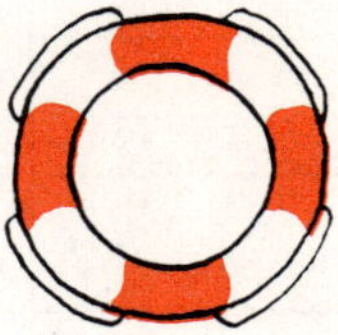

19 In der Kiste unter der Treppe im Haus am Wald

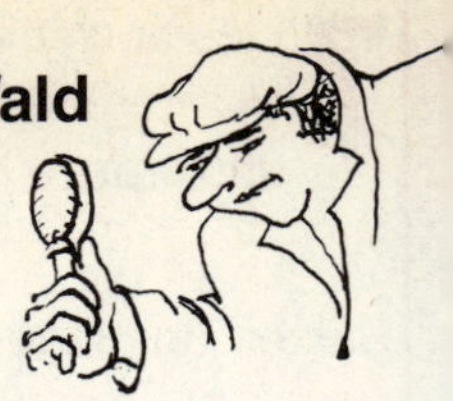

Detektiv Scharfauge sucht seit einer Woche den verschwundenen Löwen. Er war in jedem Haus entlang der Straße. Auf jeden Fall muß er den Löwen aus purem Gold bis morgen finden. Vor drei Tagen bekam er einen heißen Tip. Während der Nacht soll jemand mit einem Fahrrad eine Kiste aus der Stadt gebracht haben. Gegen Abend entdeckt er das Rad neben dem Haus am Wald. Wegen der Dunkelheit muß er die Suche einstellen. Bei Tagesanbruch kehrt er zum Haus zurück. Durch ein Fenster dringt er ein. Schon nach kurzer Zeit ist er außer sich vor Freude.
Wer nicht weiß, warum, muß die Überschrift noch einmal lesen.

Tip 84

Verhältniswörter (Präpositionen) drücken das Verhältnis, die Beziehung von Dingen (oder Personen) zueinander aus. Sie stehen vor einem Namenwort oder einem Fürwort. Z. B. etwas ist *auf* dem Tisch. Verhältniswörter machen Angaben über Zeit, Ort, Art und Weise, Grund usw.

1 Unterstreiche im Text mit Ausnahme der Überschrift alle Verhältniswörter.
Ordne sie mit den dazugehörigen Namenwörtern in die richtigen Spalten ein.
Beachte Tip 84.

Zeitangaben	Ortsangaben
seit einer Woche	

Sonstige Angaben (Art und Weise, Grund)

____

____

____

2 Überlege, in welchem Fall (Wen-Fall, Wem-Fall, Wessen-Fall) das Namenwort nach dem Verhältniswort stehen muß.
Setze den richtigen Begleiter in die Lücken.
Beachte Tip 85.

Tip 85

Das Verhältniswort bestimmt, in welchem Fall das Namenwort steht. Z. B. steht nach *durch* der Wen-Fall (Akkusativ), nach *aus* der Wem-Fall (Dativ), nach *wegen* der Wessen-Fall (Genitiv).
Mit dem richtigen Fragewort kann man den Fall bestimmen.

durch __________ Wald gehen

aus __________ Auto steigen

für __________ Gast bezahlen

bei __________ Oma schlafen

wegen __________ Dunkelheit aufhören

mit __________ Hund spielen

gegen __________ Wand rennen

nach __________ Spiel heimgehen

trotz __________ Regens spazierengehen

ohne __________ Freund fortgehen

jenseits __________ Flusses wohnen

zu __________ Tante kommen

um __________ Platz laufen

von __________ Straße abkommen

3 Unterstreiche in den folgenden Sätzen alle Verhältniswörter und die nachfolgenden Namenwörter.
Unterscheide dabei Wen- und Wem-Fall:
Unterstreiche Namenwörter im Wen-Fall blau, im Wem-Fall rot.
Beachte Tip 86.

Tip 86

Nach manchen Verhältniswörtern kann der Wen-Fall oder der Wem-Fall stehen. Auf die Frage *Wo?* steht der Wem-Fall (Dativ), auf die Frage *Wohin?* der Wen-Fall (Akkusativ).

Evi stand an der Wand. Sie lehnte sich an den Schrank. Paul lief hinter das Haus.
Hinter dem Holzstoß stand sein Fahrrad.
Franz warf den Ball hoch in die Luft.
Der Ball blieb in der Dachrinne liegen.
Gabi will sich auf den Stuhl setzen.
Auf dem Stuhl liegt aber Bertis Schultasche.

4 Bilde mit den vorgegebenen Verben und Verhältniswörtern Sätze, die zu den Bildern passen.
Gib auf den richtigen Fall nach dem Verhältniswort acht.
Frage mit *Wo?* oder *Wohin?*
Beachte Tip 86.

schläft
unter

Die Katze schläft
unter dem Schirm.

parkt
zwischen

fällt
vor

hängt
über

steht
neben

Ich lege
auf

steht
vor

schlüpft
unter

läuft
über

5 Schreibe die folgenden Ausdrücke kürzer.
Beachte Tip 87.

Tip 87

Manche Fürwörter können mit dem nachfolgenden Begleiter zu einem Wort verschmelzen, z. B. an dem = am.

zu der Schule gehen =

____

über das Herz bringen =

____

Hand auf das Herz = ______________________________

zu dem Onkel gehen = ______________________________

in dem Auto sitzen = ______________________________

bei dem Essen sitzen = ______________________________

an dem Wochenende frei haben =

____

in das Kino gehen = ______________________________

an das Fenster klopfen = ______________________________

6 Entscheide, ob das Verhältniswort in den folgenden Sätzen mit dem Begleiter verschmelzen kann oder nicht.
Fülle die Lücken richtig aus.
Beachte Tip 88.

Tip 88

Das Verhältniswort darf nicht mit dem Begleiter verschmolzen werden, wenn der Begleiter besonders betont wird, z. B. am Tag – an dem (diesem) Tag.

a) Mein Vater geht ______________ Büro.
in das

b) Sie müssen ______________ Büro gehen, das am Ende des Ganges liegt.
in das

c) Der neue Schüler ist ______________ Zirkus.
von dem

d) Der Artist kommt ______________ Zirkus, der letztes Jahr hier war.
von dem

e) ______________ Tag, an dem ich Geburtstag habe, ist schulfrei.
An dem

f) ______________ Tag darfst du durch den Wald gehen.
An dem

g) Die meisten Erwachsenen stehen ______________ Beruf.
in dem

h) Nicht alle Erwachsenen stehen ______________ Beruf, den sie sich ausgesucht haben.
in dem

i) Das Auto ist ______________ schlechten Zustand.
in dem

j) ______________ schlechten Zustand wird das Auto nicht mehr zugelassen.
In dem

Vergleiche jetzt mit dem Lösungsheft S. 23.
Schreibe dir hier deine Punkte gut

20 Heute nachmittag ist Schatzsuche im Stadtwald

Um 3 Uhr treffen sich alle Tiger am Stadtwald-Turm. Dieses Mal haben die Bären im Wald für die Tiger einen Schatz versteckt. Der Anführer der Bären-Gruppe hat dem Chef der Tiger am Morgen in der Schule das Kennwort „rote Dose“ genannt. Um 10 nach 3 stehen die Tiger noch immer ratlos am Turm. „Dort leuchtet etwas,“ ruft Pit und deutet auf einen Baum. Schnell laufen alle los.

1 Bevor das Schatzsuche-Spiel weitergeht, mußt du einige knifflige Fragen beantworten. Beachte Tip 89.

Tip 89

Viele Sätze enthalten Umstandsergänzungen (Umstandsangaben). *Umstandsangaben* können eine Zeit angeben (*Zeitangaben*), einen Ort oder Raum (*Raumangaben*), die Art und Weise (*Artangaben*) oder einen Grund (*Begründungsangaben*). Wie man nach den Umstandsangaben fragt, steht in den Tips 90, 91 und 93.

a) Wie viele Zeitangaben stehen im Text?

b) Wie viele Raumangaben stehen im Text?

c) Wie viele Artangaben stehen im Text?

d) Wie viele Umstandsangaben stehen insgesamt im Text?

2 Kontrolliere deine Lösung der Aufgabe **1** so:
Die Zahl, die du in das Kästchen a) geschrieben hast, gibt an, den wievielten Rahmen du nun im Text von der Schatzsuche finden mußt.
Markiere diesen Rahmen rot.

Die Zahl in Kästchen b) gibt an, welchen Rahmen im Text du blau markieren sollst.
In Kästchen c) steht, welchen Rahmen du grün markieren sollst.
In Kästchen d) steht, welchen Rahmen du gelb markieren sollst.

Wenn du richtig gearbeitet hast, steht

im *roten* Rahmen die Antwort auf die Frage:
Wer hat den Schatz versteckt?
Im *blauen* Rahmen steht die Antwort auf die Frage:
Wo findet das Spiel statt?
Im *grünen* Rahmen steht die Antwort auf die Frage:
Wer muß den Schatz suchen?
Im *gelben* Rahmen steht die Antwort auf die Frage:
Was muß jeder Spieler kennen?

Tip 90

Nach Raumangaben kann man mit *Wo? Wohin? Woher? Wie weit?* fragen.

3 Lies den Bericht über die Schatzsuche weiter und rahme alle Raumangaben ein. Beachte Tip 90.

An einer Eiche hängt von einem dicken Ast eine rote Dose herunter. Pit schaut hinein. Er zieht einen Zettel aus der Dose. Darauf steht: Schau nach Süden und geh bis zur nächsten Eiche. Auf der Rückseite steht: Dort findest du eine neue Botschaft.

Tip 91

Nach Zeitangaben kann man mit *Wann? Wie lange? Seit wann? Bis wann?* fragen.

4 Lies die Fortsetzung des Berichtes und rahme nun alle Zeitangaben ein. Beachte Tip 91.

Die Tiger müssen einige Zeit suchen. Schließlich finden sie die Eiche mit einer zweiten roten Dose. Auf dem Zettel in dieser Dose steht: Geh drei Minuten lang den Weg nach Westen. Anschließend suchst du die nächste Dose, die seit einer Woche dort liegt. Beeilt euch, ihr habt bis 4 Uhr Zeit, den Schatz zu finden.

5 Ordne die Umstandsangaben der Zeit und des Raumes aus dem Kästchen auf der nächsten Seite so in die Leerstellen, daß Umstandsangaben mit der gleichen Bedeutung nebeneinanderstehen. Beachte Tip 92.

früh hinein am Schluß heraus später
darauf dort am Tag darauf hinten
nach kurzer Zeit gestern früher jetzt

in die Dose	hinein
aus der Dose	
auf der Rückseite	
	schließlich
am Morgen	
auf dem Zettel	
	bald
in diesem Augenblick	

Tip 92

Viele Umstandsangaben, besonders der Zeit und des Ortes (des Raumes), sind Wendungen mit Verhältniswörtern. Sie lassen sich oft mit kleinen Wörtchen ohne Verhältniswort kürzer ausdrücken, z. B. an dieser Stelle = *hier*.

in vergangener Zeit	
nach einiger Zeit	
	morgen
am Tag vorher	
an jenem Platz	

6 Rahme bei dem folgenden Teil der Geschichte alle Angaben der Art und Weise und des Grundes ein. Beachte Tip 93.
In jedem Satz ist etwas einzurahmen!

Tip 93

Artangaben und Begründungsangaben geben Antwort auf viele verschiedene Fragen. Häufig fragt man mit *Wie? Wieviel? Wie sehr? Warum? Weshalb? Womit? Wozu?*

Eilig marschieren die Tiger weiter. „Wir sind genug gegangen", sagt Susi. Neugierig schauen sie auf jeden Baum. „Wir müssen alles ganz genau absuchen!" „Aus Ordnungsliebe klaube ich die Zeitschrift auf", sagt Petra. „Die hat jemand ganz unordentlich im Wald hingeworfen." Plötzlich jubelt Petra vor Freude. „Die Zeitung ist zufällig von der letzten Woche!" „Da ist ja aus Zufall eine Reklame mit einer roten Dose!" Ganz deutlich hat jemand dazugeschrieben: Lauft schnell zum Turm zurück! Dort findet ihr sicher den Schatz.

7 Setze in folgendem Text jeweils eine Umstandsangabe der Art und Weise oder des Grundes in die Lücken ein.
Sie soll kürzer sein als die Angabe unter dem Strich.
Beachte Tip 94.

Tip 94

Umstandsangaben können helfen, sich kürzer auszudrücken. Sie können anstelle von Gliedsätzen mit *ohne daß, bevor, weil, indem, nachdem* stehen. Häufig werden dabei Ausdrücke mit den Verhältniswörtern *ohne, vor, aus, mit, nach, wegen, trotz* und einem Namenwort gebildet. Z. B. *weil* ich Angst habe = *aus* Angst.

Ohne lange Überlegung laufen die
Ohne daß sie lange überlegen,

Tiger zum Turm zurück. Dort suchen sie

lange, ______________________.
ohne daß sie ein Ergebnis erreichen

„Sollen wir aufgeben, kurz ______________________?"
bevor wir das Ziel erreicht haben

fragt Anja. „Ich könnte ______________________ die Turmwand hinaufkrabbeln",
weil ich wütend bin,

schimpft Michael. Dabei schaut er nach oben und macht ______________________
weil er sich freut,

einen Luftsprung. Jetzt sehen es alle: In einem Mauerspalt steht eine rote Dose.
Pit klettert auf Michaels Schultern und holt den Schatz

______________________ herunter. „Randvoll mit Kaugummis!"
ohne daß er Schwierigkeiten hätte

schreit er ______________________.
indem er alle Leibeskräfte einsetzt

______________________ springt er mit einem Satz von Michaels Schultern.
Weil er übermütig ist,

„Eine gute Idee!" „Nächste Woche verstecken wir für die Bären einen Schatz."

„Das müssen wir ______________________ machen", rufen die
indem wir überlegen

Kinder ______________________ durcheinander.
weil sie begeistert sind

Vergleiche jetzt mit dem Lösungsheft S. 23.
Schreibe dir hier deine Punkte gut

21

Zwischenbericht II

Auf der Wort- und Satzbaustelle ist es in den letzten Tagen hoch hergegangen.
Der Bau ist fortgeschritten.
Einiges fehlt noch, einiges ist falsch.
Kontrolle ist nötig.
Streiche Falsches durch, ergänze Fehlendes.
Die Zahl neben dem Zeichen ⚠ gibt an, wie oft bei einer Aufgabe etwas verbessert, gestrichen oder ergänzt werden muß.

1

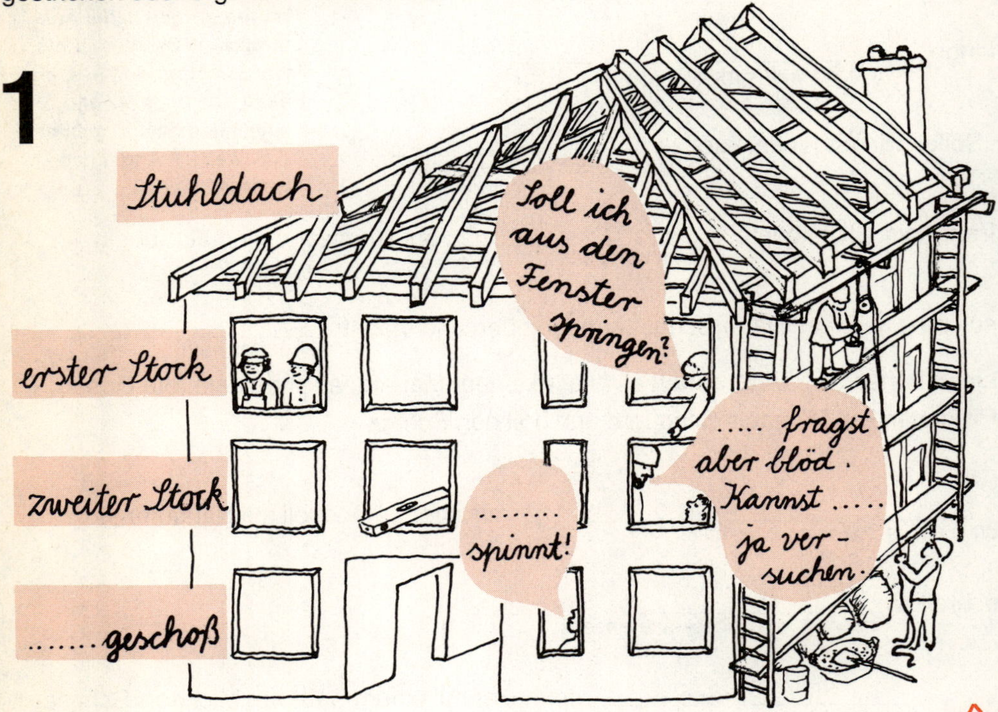

8 ⚠

2

An der Vorderseite dieses Altbaus sind 11 Fenster.

Im ______________ Stock befinden sich ebenso viele Fenster wie im zweiten Stock, nämlich fünf. Die Wasserwaage liegt

im ______________ Fenster von links (______________ Stock). Aus

dem ______________ Fenster von rechts des ______________ Stocks schauen drei Hafenarbeiter heraus.

10 ⚠

3

kein ____________ haus
für eine Familie

kein ____________ haus
zum Einkaufen

kein ____________ haus
für Gäste

kein ____________ haus
für Bauern

kein ____________ haus
hohes

kein ____________ haus
zum Lagern

sondern ein ____________ haus
für Schüler(innen)

7

4

Viele Fragen an den Herrn Architekten:

[ ] wird der Bau wohl fertig sein?

[ ] überlassen Sie die Malerarbeiten?

[ ] gefällt dieses Gebäude eigentlich nicht?

[ ] Arbeitsstunden benötigen Sie noch?

[ ] können die Schüler einziehen?

[ ] soll das alles bezahlen?

[ ] wird eigentlich ein neues Schulhaus gebraucht?

7

5 Streiche die falschen Wörter aus.

Alles gehört zur
Wortfamilie **-bau-**

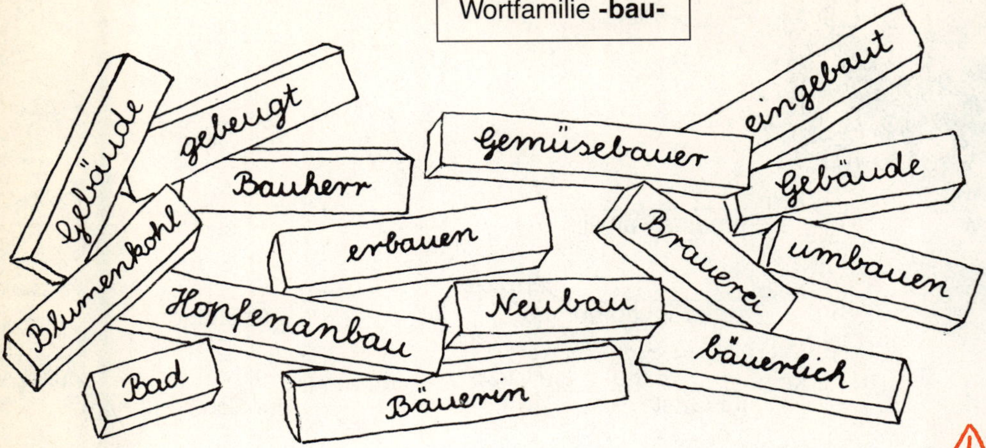

4 ⚠

6

6 ⚠

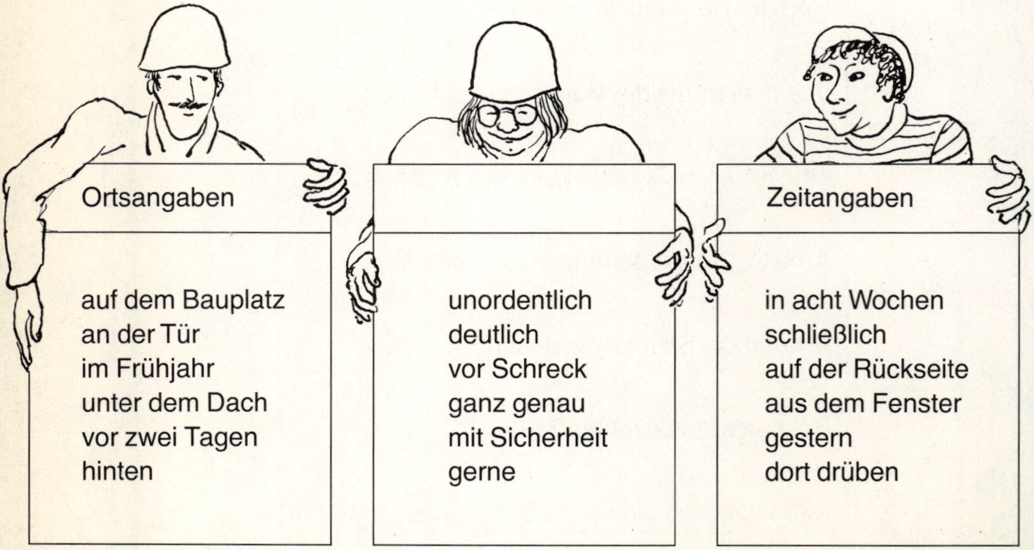

7

18 ⚠

Armer Lehrling

Um sechs Uhr früh ________ er ________________ (wecken). Er ________ oft zu Handlangerdiensten ________________ (heranziehen). Fast täglich ________ er in die Metzgerei ________________ (schicken). Dort ________ Wurst und Semmeln ________________ (holen). Wenn bei den Lehrlingen zu langsam ________________ (arbeiten) ________, ________ meistens gleich ________________ (schimpfen). „Hier ________ niemandem der Kopf ________________ (abreißen)“, ________ dann ________________ (sagen). Lehrlinge am Bau ________ immer ________________ (brauchen).

8

5 ⚠

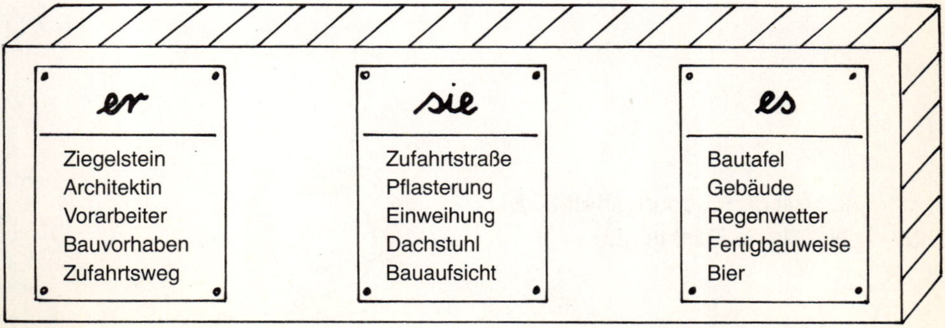

9

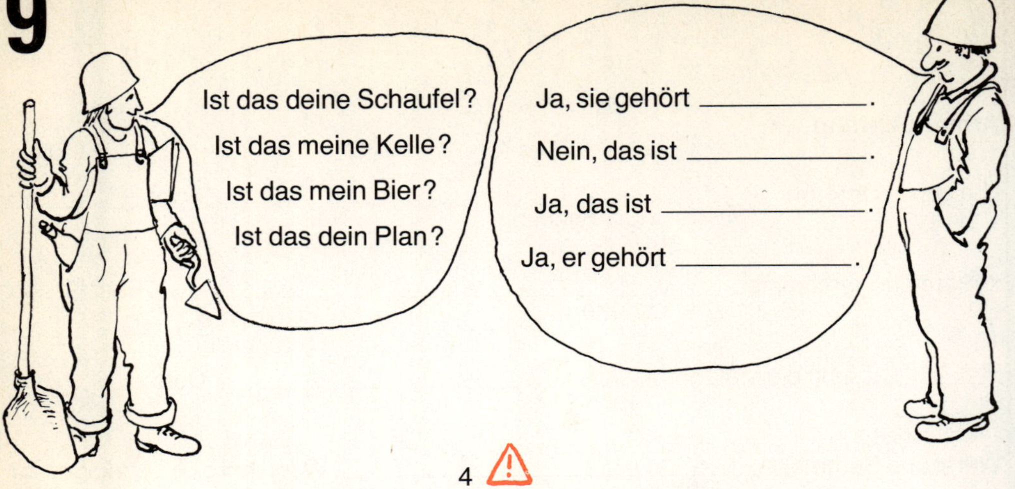

4

10

A steht	B steckt	B liegt	B lehnt
______ B.	______ A.	______ A.	______ A.

4

Vergleiche jetzt mit dem Lösungsheft S. 24.
Schreibe dir hier deine Punkte gut

22

Auch mit Sätzen läßt sich spielen – Spielen läßt sich auch mit Sätzen

Bei einem Wortkarten-Spiel hat Marlene diese Wortkarten bekommen:

morgen

Marlene

fährt

mit dem Zug

nach Hamburg

Tip 95

Satzglieder lassen sich innerhalb eines Satzes umstellen. Beim Umstellen bleiben die Teile eines Satzgliedes zusammen.

1 Hilf Marlene, die Satzglieder zu einem Satz zusammenzuketten.
Die Fragen erleichtern dir die Arbeit.
Beachte Tip 95.

Wer? ______ – ______ – Wann? ______ –

– Womit? ______ – Wohin? ______

2 Die Satzglieder aus Aufgabe **1** kannst du auch noch anders ordnen.
Es gibt drei Möglichkeiten.
Beachte Tip 95.

a) Wann? ______ – ______ – Wer? ______ –

– Womit? ______ – Wohin? ______

b) Wohin? ______ – ______ – Wer? ______ –

– Wann? ______ – Womit? ______

c)

Womit? Wer?

Wann? Wohin?

3 Angenommen, du wolltest die Sätze des folgenden Textes umstellen. Welche Wörter blieben dabei auf jeden Fall beisammen? Rahme sie ein, wie es das Beispiel zeigt.
Beachte Tip 95.

In einer bedeutenden Stadt lebte vor vielen Jahren ein Schuster mit seiner Frau schlecht und recht. Er saß bei Tag an der Ecke der Straße. Er flickte Schuhe und Pantoffeln. Seine Frau verkaufte Gemüse und Früchte. Diese pflanzte sie in einem kleinen Garten vor dem Tore. Die beiden hatten einen schönen Knaben, wohlgestaltet und angenehm von Gesicht. Für das Alter von zwölf Jahren war er schon ziemlich groß. Er hieß Jakob. Gewöhnlich half er seiner Mutter Gemüse verkaufen.

(Nach *Wilhelm Hauff:* „Zwerg Nase")

Tip 96

Werden Satzglieder in einem Satz umgestellt, bleibt der Sinn des Satzes in der Regel erhalten. Sollen Satzglieder besonders hervorgehoben werden, kann man sie an den Satzanfang schreiben.

4 Formuliere folgende Sätze so um, daß jeweils das besonders betonte Satzglied am Satzanfang steht. Beachte Tip 96.

a) Jochen schließt nach seiner Ankunft zu Hause rasch die Haustür ab.

(Er schließt sie nicht langsam.)

b) Jochen geht am liebsten mit seinem Freund Fritz in den Tierpark.

(Mit keinem anderen Freund geht er lieber hin.)

c) Jochen vertraut seiner Mutter das Geheimnis sehr gerne an.

(Niemand außer Mutter erfährt das Geheimnis.)

d) Jochen schenkt Monika einen Radiergummi zum Schulanfang.

(Nichts anderes als einen Radiergummi schenkt er.)

Tip 97

Satzglieder können durch andere Satzglieder ersetzt (ausgetauscht) werden. Dabei kann sich der Inhalt des Satzes ändern.

5 Die Beschriftungen passen nicht genau zu den Fotos. Tausche jeweils ein Satzglied gegen ein anderes aus, das genau zum Foto paßt.
Beachte Tip 97.

a) 

Nach dem Dauerlauf muß Vater schwitzen.

b)

Vater sitzt im Auto und liest.

c)

Spiegeleier mit Speck ißt Vater heute.

d)

Vater hält eine Katze im Arm.

e)

Das Geschirr spült hier mal Vater.

6 Den folgenden Text kannst du verbessern.
Tausche dabei die eingerahmten Satzglieder durch andere, passendere Satzglieder aus dem Kasten aus.
Benütze ein eigenes Blatt.
Beachte Tip 98.

Tip 98

Das Austauschen von Wörtern (Satzgliedern) in Sätzen trägt dazu bei, die Ausdrucksweise (den Stil) zu verbessern.

Zwei Strolche schlüpfen nachts durch eine Zaunlücke in einen Garten.
Langsam gehen [die zwei Strolche] an das Haus heran. Einer [von den zwei Strolchen] schleicht um die Ecke, um nachzuschauen, ob noch jemand im Haus wach ist. [Die zwei Strolche] finden alles dunkel. Da geht plötzlich Licht im Hausgang an. [Die zwei Strolche] verstecken sich hinter einer Hecke. Die Alarmsirene heult auf. Die Haustür wird geöffnet. Keiner [von den zwei Strolchen] rührt sich von der Stelle . . .

von beiden — sie — Zigaretten — Die Gauner — keiner — Die Banditen — Die Wohltäter — alle — von den zweien

7 Aus diesen Satzgliedern kann man viele Sätze bilden.
Schreibe nur sinnvolle Sätze auf.
Benütze ein eigenes Blatt.
Beachte Tip 97.

a) Herr Maier	fängt verschenkt ißt schlägt läßt wäscht verliert zerteilt schält malt schießt	eine Birne.	

b) Am Abend	brät frißt kocht zerteilt bekommt ißt würzt verschlingt siedet brutzelt	Frau Maier die Katze	Fleisch.

8 Statt „**es**“ sollst du jeweils die Lösung der Rätsel eintragen.
Benütze ein eigenes Blatt.
Achtung: Nicht jedes Wort im Kästchen ist als Lösung zu gebrauchen!

a) **Es** geht durchs ganze Land und bleibt immer am gleichen Ort.
b) **Es** geht durchs Fenster und zerbricht es nicht.
c) **Es** sieht von innen nie sein Haus und geht dabei doch niemals aus.
d) **Es** ist ein Stall mit lauter Schimmeln, und ein Rotfuchs schlägt aus gegen alle.
e) **Es** ist ein kleines Tor, aber die ganze Welt kann da durchgehen.

Schnecke	*Nase*	*Auge*	*Landstraße*	*Tor*	*Sonne*	*Mund*	*Auto*

Vergleiche jetzt mit dem Lösungsheft S. 25.
Schreibe dir hier deine Punkte gut

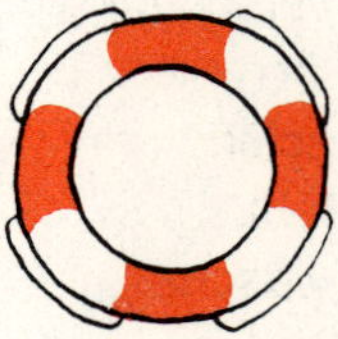

23

Die Eisschleckmaschine, die Herr Titsch erfunden hat

Herr Titsch erklärt,
wie seine Eisschleckmaschine
funktioniert:

A Man drückt auf den oberen linken Knopf. Das kleine Rad beginnt sich zu drehen. Dann zieht man den Haupthebel hoch. Der Haupthebel zeigte vorher nach unten. Das Rad bewegt eine Stange. Die Stange geht auf und ab. Die beiden anderen Stangen bleiben unbeweglich. Man muß an einem Ring ziehen. Das Eis kommt heraus.

Max erklärt anders:

B Wenn man auf den oberen linken Knopf drückt, beginnt sich das kleine Rad zu drehen. Dann zieht man den Haupthebel, der nach unten zeigt, hoch. Das Rad bewegt eine Stange, die auf und ab geht, während die beiden anderen Stangen unbeweglich bleiben. Man muß an einem Ring ziehen, damit das Eis herauskommt.

1 Vergleiche diese beiden Erklärungen.
Streiche jeweils die nichtzutreffenden Wörter im Kästchen durch.
Beachte Tip 99.

Tip 99

Wenn man Sätze so zusammenfügt, daß der eine Satz vom andern abhängt, entsteht ein *Satzgefüge*. Die Sätze im Satzgefüge sind durch Komma getrennt.

a) In Text A erfährt man [mehr / gleichviel / weniger].
b) Text A enthält [mehr / weniger] Sätze.
c) Text B enthält [nur Punkte / Punkte und Kommas].
d) Text B enthält [nur Hauptsätze / Satzgefüge].

2 Max hat die Sätze von Herrn Titsch geändert.
Aus Hauptsätzen hat er Gliedsätze gemacht.
Unterstreiche, was im Gliedsatz anders ist als im Hauptsatz.
Beachte die Tips 99 und 100.

Tip 100

***Gliedsätze* beginnen mit einem *Einleitewort*. Das Verb rückt im Gliedsatz an die letzte Stelle.**

Hauptsatz	Gliedsatz
Man drückt auf den Knopf.	*Wenn man auf den Knopf drückt, . . .*
Der Haupthebel zeigt nach unten.	*. . ., der nach unten zeigt.*
Die Stange geht auf und ab.	*. . ., die auf und ab geht.*
Die beiden anderen Stangen bleiben unbeweglich.	*. . ., während die beiden anderen Stangen unbeweglich bleiben.*
Das Eis kommt heraus.	*. . ., damit das Eis herauskommt.*

3 Schreibe aus den Gliedsätzen bei Aufgabe **2** die Einleitewörter heraus.
Beachte Tip 100.

4 In folgendem Text findest du Gliedsätze mit anderen Einleitewörtern.
Rahme sie ein.
Beachte Tip 100.

a) Schau nach, ob alles stimmt!

b) Gib acht, daß du nichts kaputt machst!

c) Als der Mechaniker kam,
lief die Maschine schon wieder,
weil sie Vater selbst repariert hatte.

d) Da die Räder noch immer quietschten,
mußten sie geölt werden.

e) Nachdem der Mechaniker gegangen war,
explodierte die Maschine.

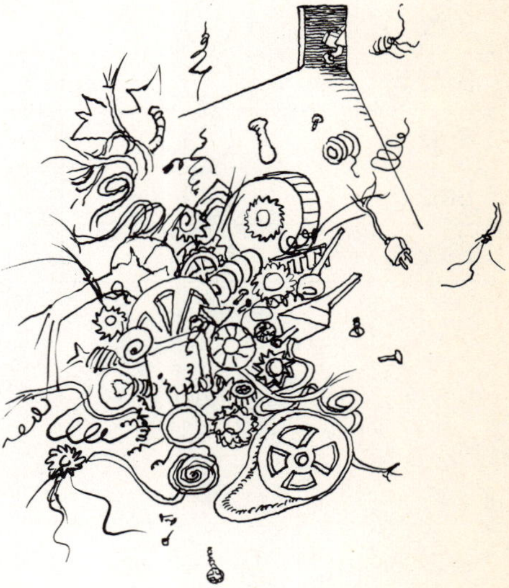

5 Fasse jeweils die beiden Hauptsätze zu einem Satzgefüge zusammen.
Benütze ein eigenes Blatt.
Verwende die Einleitewörter aus den Aufgaben **3** und **4** und unterstreiche sie.
Beachte Tips 99 und 100.

a) Susi legte sich nieder. Ihr war schlecht.
b) Es fing an zu regnen. Mutter holte den Schirm.
c) Das Spiel war zu Ende. Es hörte auf zu regnen.
d) Vater liest Zeitung. Er trinkt dabei Kaffee.
e) Hans trägt eine Brille. Er kann so besser sehen.
f) Alex muß langsam fahren. Er fällt sonst vom Rad.

6 Lies noch einmal die fünf Sätze von Aufgabe **4**.
Kreuze an, was zutrifft.
Beachte Tip 101.

Tip 101

Im *Satzgefüge* kann der Gliedsatz vorangestellt (*Gliedsatz – Hauptsatz*) oder nachgestellt (*Hauptsatz – Gliedsatz*) sein.

	Der Gliedsatz ist vorangestellt	nachgestellt
Satz a)	◯	◯
Satz b)	◯	◯
Satz c)	◯	◯
Satz d)	◯	◯
Satz e)	◯	◯

Vergleiche jetzt mit dem Lösungsheft S. 26.
Schreibe dir hier deine Punkte gut

24 Der Löwe, der im Käfig saß, ist ausgebrochen

1 Suche in den Aufschriften die eingeschobenen Gliedsätze und schreibe sie auf. Beachte Tip 102.

Tip 102

Gliedsätze können in einen Hauptsatz eingeschoben sein. Sie stehen zwischen zwei Kommas.
Der Hauptsatz wird vom Gliedsatz unterbrochen:

Hauptsatz (Teil 1)	Gliedsatz	Hauptsatz (Teil 2)

1 . . . , ______________________

____

2 . . . , ______________________

____

3 . . . , ______________________

____

2 Suche in jeder Aufschrift die Teile des Hauptsatzes und schreibe den Hauptsatz im ganzen auf.
Beachte Tip 102.

1 ______________________________

____

2 ______________________________

____

3 ______________________________

____

3 Fülle die Leerstellen aus.
Beachte die Tips 100 und 102.

	Hauptsatz (Teil 1)	Gliedsatz	Hauptsatz (Teil 2)
a)		wenn er hungrig ist,	
b)	Der Wärter,	der die Tiger freiläßt,	
c)	Das Gitter wurde,		ausge-bessert.
d)		die unter zwölf Jahre alt sind,	zahlen die Hälfte.
e)		nachdem er satt war,	

4 Schreibe die Sätze, die zu den Bildern passen, fertig. Ein Beispiel ist vorgegeben. Beachte Tip 103.

Tip 103

Gliedsätze mit den Einleitewörtern *der, die, das* oder *welcher, welche, welches* geben Näheres über das Wort an, nach dem sie stehen.

1)

Das Kind, das sich über das Gitter beugt,
ist unvorsichtig.

2)

Das Nilpferd,

spritzt die Zuschauer an.

3)

Die Frau,

muß sich bücken.

4)

Der Pfau,

begeistert die Leute.

5) 

Die Dame, ______________________________

____

ist recht freundlich.

6) 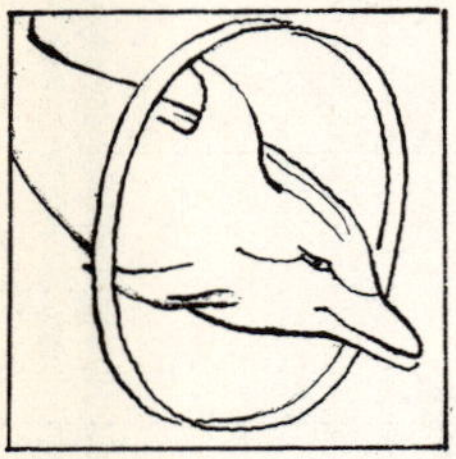

Der Delphin, ______________________________

____

ist intelligent.

Tip 104

Gliedsätze mit den Einleitewörtern *nachdem, als* und *während* machen Angaben über die Zeit.

5 Setze an den Anfang des Gliedsatzes jeweils das richtige Einleitewort, das eine Angabe über die Zeit macht.
Beachte Tip 104.

a) Die Affen sind im Freien, [ ] das Affenhaus gesäubert wird.

b) Viele Kinder lachten, [ ] die Affen sich lausten.

c) [ ] die Kindereisenbahn fährt, ist das Aufspringen streng verboten.

d) Franz kaufte neues Futter, [ ] der Vorrat aufgebraucht war.

e) [ ] der Rundgang beendet war, liefen alle zum Kiosk, um ein Eis zu kaufen.

f) [ ] es 18 Uhr war, wurde der Tierpark geschlossen.

6 Kreuze diejenigen Gliedsätze an, die Gründe angeben.
Beachte Tip 105.

Tip 105

Gliedsätze mit den Einleitewörtern *weil* und *da* geben Gründe an.

a) ☐ Der Löwe ist ausgebrochen, weil es ihm im Zoo zu langweilig war.
b) ☐ Als er über die Straße lief, kam ein Omnibus.
c) ☐ Da er kein Geld dabei hatte, mußte er zu Fuß weitergehen.
d) ☐ Weil ihm bald die Füße weh taten, hielt er ein Taxi an.
e) ☐ Nachdem der Taxifahrer in Ohnmacht gefallen war, setzte sich der Löwe ans Steuer.
f) ☐ Der Polizist, der den Löwen fahren sah, pfiff dreimal durch die Finger.
g) ☐ Da dem Tier das Benzin ausging, war sein Ausflug bald beendet.
h) ☐ Wage nicht, an dieser Geschichte zu zweifeln, damit dich nicht der Löwe frißt!

Vergleiche jetzt mit dem Lösungsheft S. 27.
Schreibe dir hier deine Punkte gut

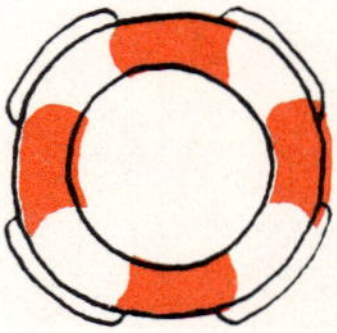

25

Ganz entzückend und beglückend

Modenschau

Ach, Frau Heider,
ganz entzückend,
wie berückend
und beglückend
Ihre Kleider!

Ach, Frau Deppe,
mächtig wallend,
fließend fallend,
stets gefallend
Ihre Schleppe!

Ach, Frau Jaide,
kostbar glimmernd,
gleißend flimmernd,
herrlich schimmernd
Ihr Geschmeide!

1 Suche alle Mittelwörter der Gegenwart aus dem Gedicht heraus.
Schreibe sie auf.
Setze das Verb daneben, aus dem sie gebildet sind.
Beachte Tip 106.

Mittelwort der Gegenwart	Verb
entzückend	entzücken

Tip 106

Mittelwörter werden aus Verben gebildet und wie Adjektive verwendet. Mittelwörter der Gegenwart bestehen aus der Grundform des Verbs und der Endung *-d*, z. B. singen-*d*.

2 Forme folgende Sätze so um, daß jeweils eines der Verben zum Mittelwort der Gegenwart wird.
Benutze dazu ein eigenes Blatt.
Beachte Tip 106.

a) Das Kind pfeift und geht in den Keller.
b) Der Lehrer streicht die Fehler an und schimpft.
c) Ein Hund steht im Regen und winselt.
d) Der Autofahrer rast die Straße entlang und hupt.
e) Die Schüler lernen, während sie spielen.

3 Suche aus jedem Kästchen das Namenwort, das am besten zum Mittelwort der Gegenwart paßt.
Schreibe Ausdrücke auf, wie es das Beispiel zeigt.
Beachte Tip 106.

schlafend	KATZE	BAUM	MOND	*eine schlafende Katze*

trinkend

B	B	B
U	A	I
C	B	E
H	Y	R

____

rauchend

S	B	K
A	L	A
N	U	M
D	M	I
	E	N

____

zitternd

K	H	S
Ä	A	C
L	N	H
T	D	N
E		E
		E

____

wütend

S	M	Z
T	U	O
U	N	R
R	D	N
M		

____

4 Fülle die Leerstellen aus.
Beachte Tip 107.

Grundform	Mittelwort der Vergangenheit
laufen	gelaufen
singen	
	geschlafen
	gebunden
tanzen	

Tip 107

Mittelwörter der Vergangenheit bestehen aus dem Stamm des Verbs, meistens der Vorsilbe *ge-* und der Endung *-en* oder *-et* oder *-t*, z. B. *geschrieben.*
geredet,
gelobt.

rechnen	
	gebracht
retten	
	gestürzt
nähen	
ringen	

Tip 108

Verben können die Möglichkeitsform bilden:
hätte **und** ***wäre***
sind Möglichkeitsformen von ***haben*** **und** ***sein.***

5 Setze in die Leerstellen die beiden Möglichkeitsformen *hätte* oder *wäre* ein. Beachte Tip 108.

Was wäre, . . .

a) . . ., wenn ein Kind keine Mutter ______ ?

b) . . ., wenn es nachts taghell ______ ?

c) . . ., wenn das Auto keine Räder ______ ?

d) . . ., wenn ein Kind kein Taschengeld ______ ?

e) . . ., wenn ich ein Millionär ______ ?

f) . . ., wenn ich eine Giraffe ______ ?

6 Von wem könnten die folgenden Sätze stammen?
Trage die Bildziffern richtig in die Kreise ein.
Beachte Tip 109.

Tip 109

**Die Möglichkeitsform verwendet man, wenn man besonders höflich sein will, wenn man sich etwas wünscht oder wenn man im Zweifel ist.
Dazu werden oft die Wörtchen *könnte, dürfte, möchte, sollte* gebraucht.**

①

②

③

④

⑤

⑥

◯ Könnten Sie mir mit einer kleinen Spende weiterhelfen?

◯ Dürfte ich Sie bitten, jetzt zu zahlen?

◯ Ich möchte gerne ein Pfund Äpfel.

◯ Sie sollten das Auto hier nicht parken.

◯ Ob Sie mir den Weg zum Bahnhof zeigen könnten?

◯ Hätte ich nicht doch auf die Mutter hören sollen?

Vergleiche jetzt mit dem Lösungsheft S. 28.
Schreibe dir hier deine Punkte gut

26 Beate putzt sich die Zähne, Berni wäscht sich

1 Bilde aus den folgenden zum Bild passenden Sätzen drei Satzverbindungen.
Beachte Tip 110.
Aufpassen auf die Groß- und Kleinschreibung nach dem Komma!

Tip 110

Vollständige Hauptsätze können zu einer *Satzverbindung* (oder einer Satzreihe) verknüpft werden. Die Sätze werden dann durch Komma getrennt. Zwischen die Sätze einer Satzverbindung können Bindewörter treten (z. B. *und, oder*).

Berni dreht den Hahn auf. Das Wasser spritzt.
Beate drückt auf die Tube.
Die Zahnpasta quillt heraus.
Die Mutter kommt ins Bad.
Sie ist entsetzt.

2 Auch aus den Wörtern auf Seite 138 oben kannst du Sätze bilden, die zum Bild bei Aufgabe **1** passen.
Schreibe zwei Satzverbindungen mit jeweils zwei Sätzen auf.
Beachte Tip 110.

liegt	steht	steckt	hängt
auf der Ablage	am Haken	im Becher	in der Schale
die Seife	das Glas	der Waschlappen	die Zahnbürste

____

____

____

____

3 Welches Bindewort paßt?
Setze die richtigen Wörter in die Lücken.
Beachte Tip 111.

Tip 111

Bindewörter geben den Sätzen unterschiedliche Bedeutungen.
Diese Wörtchen geben einen Grund oder eine Bedingung an: ***denn, deshalb, sonst, trotzdem.***
Diese Wörtchen geben einen Gegensatz oder eine Einschränkung an: ***oder, aber, doch, jedoch, sondern, nur.***
Diese Wörtchen sagen, daß etwas nacheinander geschieht: ***dann, danach.***

a) Entweder Berni putzt sich jetzt die Zähne, ________ er läßt seine Schwester an das Waschbecken.

b) Berni, putze dir die Zähne, ________ schimpft die Mutter.

c) Berni wollte sich die Zähne nicht putzen, ________ er wollte Unsinn machen.

d) Berni wäscht sich zuerst, ________ putzt er sich die Zähne.

e) Berni wollte ordentlich sein, ________ rutschte ihm die Seife aus der Hand.

f) Beate kommt schnell aus dem Bad, ________ Berni braucht immer sehr lange.

4 Verknüpfe jeweils zwei Sätze mit den vorgegebenen Bindewörtern zur Satzverbindung.
Überlege, welchen Satz du voranstellen mußt.
Schreibe die Sätze auf ein eigenes Blatt.
Beachte Tip 112.

Paul hat sich am Morgen gekämmt.

trotzdem

Die Haare stehen in die Höhe.

Mutter kauft ihm einen neuen.

deshalb

Peter hat seinen Kamm verloren.

Tina schneidet sich die Fingernägel kurz.

sonst

Die langen Nägel stören beim Klavierspielen.

Die Mutter wickelt die Haare zu Locken.

dann

Agnes wäscht sich die Haare.

Maria dreht den Wasserhahn zu.

deshalb

Die Badewanne ist voll.

Tip 112

Manche Bindewörter zwischen den Sätzen einer Satzverbindung bewirken, daß sich die Stellung der Satzglieder ändert. Solche Wörter sind z. B. *deshalb, sonst, trotzdem, dann* (ich gehe fort – dann gehe ich fort).

5 Schreibe jeweils den zweiten Satz der folgenden Satzverbindung noch einmal und stelle da, wo es möglich ist, die Satzglieder um.
Beachte Tip 113.
Aufpassen: Nicht in jedem Satz kannst du die Satzglieder umstellen!

Tip 113

Die Wörtchen, die den zweiten Satz einer Satzverbindung einleiten, können vom Anfang auch an eine andere Stelle des Satzes rutschen, z. B. sonst höre ich auf – ich höre sonst auf.
Die Bindewörter *und, oder, denn* bleiben immer am Anfang des Satzes.

Auch Hunde müssen sich die Haare schneiden lassen, deshalb gibt es eigene Hundefrisöre.

es gibt deshalb eigene Hundefrisöre.

Der Pudelsalon nimmt Anmeldungen entgegen,
sonst muß Pascha zu lange warten.

. . . , ____

Der Pudelfrisör hat Prospekte mit Pudelfrisuren,
trotzdem findet Frauchen keine passende Frisur für ihren Liebling.

. . . , ____

____

Der Frisör gibt sich große Mühe,
jedoch Pascha kann sich nicht ruhig halten.

. . . , ____

Auch Frauchen hat es eilig,
denn Frauchen will noch ins Café.

. . . , ____

Endlich ist Pascha fertig,
aber der nächste Pudel wartet schon.

. . . , ____

6 Suche in folgendem Text die Satzgefüge und mache Satzverbindungen daraus. Benutze ein eigenes Blatt. Beachte Tip 114.

a) Die elektrische Zahnbürste muß richtig bedient werden, sonst kannst du sie bald nicht mehr gebrauchen.
b) Wähle zuerst eine Bürste und stecke sie auf den Halter.
c) Sie rastet hörbar ein, wenn sie richtig eingesetzt ist.
d) Drücke mit der Bürste fest gegen die Zähne, dann schaltet sich der Motor von selbst ein.
e) Die Bürste massiert das Zahnfleisch, daß es gesund bleibt.
f) Gehe vorsichtig damit um, weil sie lange halten soll.
g) Trotzdem sollst du sie regelmäßig benutzen, sonst hat sie keinen Sinn.

Tip 114

Unterscheide Satzverbindungen, die aus Hauptsätzen bestehen, und Satzgefüge, die aus Haupt- und Gliedsatz bestehen (Vgl. 23). Beim Umwandeln mußt du die Einleitewörter der Gliedsätze verändern, für *wenn* setze *dann*, für *daß* setze *deshalb*, für *weil* setze *denn*.

Vergleiche jetzt mit dem Lösungsheft S. 28.
Schreibe dir hier deine Punkte gut

27

Mit Funkwerbung werbewirksam werben!

1 In diesen Werbesprüchen stecken viele abgeleitete und zusammengesetzte Wörter.
Schreibe die Wörter oder Wortteile auf, die mit den drei Wortstämmen *werb, knack* und *Seife* neue Wörter gebildet haben.
Auf jedem Strahl ist etwas einzutragen.
Beachte Tip 115.

Tip 115

Viele Wörter unserer Sprache sind von anderen Wörtern abgeleitet. Auch durch Zusammensetzung von Wörtern kann man neue Wörter bilden.

-WERB-

-KNACK-

-SEIF(E/N)-

2 Unterstreiche in Aufgabe **1** farbig die Vorsilben und die Nachsilben, die du aufgeschrieben hast. Aufpassen, es darf nicht alles unterstrichen sein, was du bei Aufgabe **1** eingesetzt hast!
Beachte Tip 116.

Tip 116

Wortteile, die vor einen Wortstamm treten und so ein neues Wort bilden, heißen *Vorsilben.*
Wortteile, die nach dem Wortstamm kommen, heißen *Nachsilben.*
Vor- und Nachsilben können nicht allein als selbständige Wörter stehen.

3 Verbessere die folgenden Ausdrücke, indem du neue abgeleitete Verben bildest. Verwende die Vorsilben aus Tip 117.

Tip 117

Mit Vorsilben (z. B. *be-, ver-, er-, zer-)* kann man aus Verben, Adjektiven und Namenwörtern neue Verben bilden.

jemanden für schuldig halten

jemanden beschuldigen

jemanden mutig machen

____

den Ort schöner machen

____

die Katze woandershin jagen

____

krank werden ______________________________

wach werden ______________________________

das Zimmer dunkel machen ______________________________

über jemanden spotten ______________________________

das Blatt kaputt reißen ______________________________

auf ein Grundstück bauen ______________________________

an Hunger sterben ______________________________

jemandem eine Nachricht geben

____

Tip 118

Aus Namenwörtern können auch ohne Vorsilben Verben abgeleitet werden. Häufig tritt dabei ein Umlaut auf (ä, ö, ü).

4 Jeweils ein Namenwort und ein Verb passen zusammen. Fülle die Leerstellen im Kasten auf der nächsten Seite aus. Beachte Tip 118.

Namenwort	Verb	Namenwort	Verb
Hammer	hämmern		fischen
	rudern	Schutz	
Schale		Mauer	
Gruß			filmen
	rosten	Buchstabe	
Blut			telefonieren
Futter		Musik	
Stempel			schaufeln

5 Unterstreiche im folgenden Text alle von Verben oder Namenwörtern abgeleiteten Adjektive und ordne sie richtig in die Kästchen ein.
Beachte Tip 119.

Tip 119

Mit Nachsilben (z. B. *-bar, -lich, -sam, -haft, -ig, -isch*) kann man aus Verben und Namenwörtern Adjektive bilden.

Nun die politischen Nachrichten:
Die Streitigkeiten zwischen den südlichen und nördlichen Gebieten haben sich bedauerlich ausgeweitet. Eine kriegerische Auseinandersetzung scheint kaum mehr vermeidbar. Die Nachrichten kommen nur mehr lückenhaft aus den feindlichen Lagern. Wir beobachten aufmerksam die Entwicklung und berichten stündlich. Eben erhalten wir telefonisch eine freudige Nachricht. Ein kräftiger Regen hat den lehmigen Boden so aufgeweicht, daß sich alle Truppen eilig zurückziehen mußten, weil jeder Erfolg zweifelhaft wurde. Die Chancen auf eine friedliche Lösung sind damit sprunghaft gestiegen. Sollte eine endgültige Einigung nicht erzielbar sein und es weiterhin zu gewaltsamen Auseinandersetzungen kommen, werden wir uns unmittelbar wieder melden.

-isch	-lich	-bar
politisch		
-haft		-ig
	-sam	

6 Gestalte die Sätze um.
Verwende für die unterstrichenen Teile abgeleitete Adjektive mit den bei Tip 119 angegebenen Nachsilben.

An diesem Tag wie im Herbst ist der Himmel voller Wolken.

An diesem herbstlichen Tag

Das Schloß des Königs ist wie im Märchen schön.

Nach dem Rat des Arztes muß er jede Stunde Fieber messen.

Es gehört zu den Aufgaben der Polizei, für einen Ablauf der Versammlung voll Friede und Ruhe zu sorgen.

____

____

____

____

____

7 Bilde aus den folgenden Wörtern Namenwörter. Verwende dazu die bei Tip 120 angegebenen Nachsilben.

Tip 120

Mit Nachsilben (z. B. *-ung, -er, -heit, -keit, -ei*) kann man aus Verben, Adjektiven und Namenwörtern neue Namenwörter ableiten.

verloben Verlobung

malen ______________________

schön ______________________

wohnen ______________________

Bücher ______________________

flüssig ______________________

frech ______________________

Musik ______________________

Zeit ______________________

Bäcker ______________________

heiter ______________________

spielen ______________________

weise ______________________

prüfen ______________________

fröhlich ______________________

Gärtner ______________________

8 Kennst du die Kurzform für diese Namenwörter? Schreibe sie neben die Langformen.

Untergrundbahn U-Bahn

Fotografie ____________________

Supertreibstoff ____________________

Universität ____________________

Oberkellner ____________________

Pullover ____________________

Automobil ____________________

Kilogramm ____________________

Lokomotive ____________________

Omnibus ____________________

Füllfederhalter ____________________

Lastkraftwagen ____________________

Vergleiche jetzt mit dem Lösungsheft S. 29.
Schreibe dir hier deine Punkte gut

28

Nicht flüstern und nicht schreien, das Schloßgespenst geht um!

„Hurra! Wir fahren aufs Schloß!" ______________________ Heidi und Gerd.
sprechen

Vater ______________________: „Der Zug fährt um 10.30 Uhr."
spricht

Onkel Hans ______________________ spannende Geschichten vom Schloßgespenst.
spricht

„Marsch ins Bett!" ______________________ die Tante. Heidi ______________________:
spricht — spricht

„Ach Tante, laß uns noch ein bißchen aufbleiben!" „Kommt nicht

in Frage!" ______________________ die Tante. Gerd ______________________:
spricht — spricht leise

„Horch, waren da nicht Schritte?" „Das Gespenst! Ich fürchte mich so!"

______________________ Heidi. „Hab keine Angst, ich bin ja da",
spricht

______________________ Gerd. „Hilfe, Hilfe! Das Gespenst!"
spricht

______________________ die Kinder. Aber es ist nur
sprechen

der Onkel, der nach den Kindern sieht.

Tip 121

Eine Gruppe von sinnverwandten Wörtern nennt man ein *Wortfeld.* Die Wörter eines Wortfeldes haben nur geringe Bedeutungsunterschiede, die aber wichtig sind, wenn man etwas besonders genau oder treffend ausdrücken will.

1 Mache den Text spannender, indem du das Verb „sprechen" durch treffendere Verben aus dem Wortfeld „sprechen" ersetzt.
Verwende die Verben im Bild auf Seite 149.
Beachte Tip 121.

Wortfeld „sprechen"
S. 149

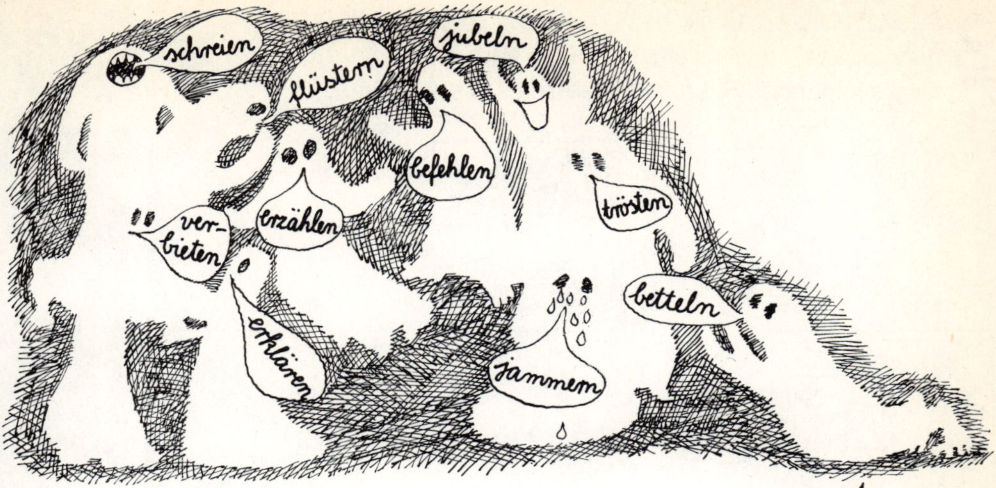

2 Überlege die Bedeutungsunterschiede der folgenden Verben des Wortfeldes „sprechen" und ordne sie richtig in die Tabelle ein.
Beachte Tip 122.

Tip 122

Die Wörter eines Wortfeldes kann man nach verschiedenen Gesichtspunkten gliedern.

schreien jammern flüstern erzählen zureden schimpfen berichten jubeln brüllen plaudern jauchzen murmeln erklären drohen stöhnen trösten tuscheln frohlocken sich unterhalten loben mitteilen klagen kreischen fluchen

laut	leise	traurig	froh
böse	**freundlich**	**sachlich**	**zwanglos**

3 Suche aus den Verben des Wortfeldes „sprechen“ bei Aufgabe **2** jeweils ein treffendes Verb für die folgenden Szenen und setze es in die Lücken.

____________________ Hanni.

____________________ Mutter.

____________________ der Kranke.

____________________ die Nachbarin.

____________________ die Fans.

____________________ der Sprecher.

4 Stelle aus den folgenden Wörtern die Adjektive der Wortfelder „klug“ und „dumm“ zusammen. Beachte Tip 123.

Tip 123

Auch Adjektive und Namenwörter können zu Wortfeldern zusammengefaßt werden.

gescheit, weise, Klugheit, begabt, töricht, clever, scharfsinnig, nämlich, dämlich, saudumm, aufgeweckt, Weisheit, gerissen, doof, schlau, besonnen, geistvoll, behämmert, schlagfertig, wissen, befähigt, blöde, gebildet, Bildung, beschränkt, dumm, geistreich, intelligent, strohdumm, klug, unbegabt, verständig, genial, bekloppt, einfältig, geistlos, talentiert, neunmalklug, ungebildet

klug	dumm

5 Ordne die Adjektive der Wortfelder „klug“ und „dumm“ nach verschiedenen Sprachebenen und trage jeweils drei Beispiele in die folgenden Spalten ein.
Beachte Tip 124.

Tip 124

Wörter eines Wortfeldes lassen sich auch nach der Sprachebene unterscheiden, aus der sie stammen: aus einer gehobenen Sprache oder aus der nur mündlich verwendeten Umgangssprache.

besonders gehobene Sprache	übliche hochdeutsche Sprache	mündliche Umgangssprache

6 Die folgenden Wortgruppen bilden Wortfelder.
Suche jeweils die gemeinsame Bezeichnung und schreibe sie ins Kästchen.
In jede Gruppe hat sich ein unpassendes Wort eingeschlichen.
Streiche es heraus.

winzig kleingewachsen zierlich klitzeklein kleinlich unscheinbar verschwindend

prächtig reizend hübsch herzlich stattlich herrlich strahlend anmutig

Eigenheim Mietskaserne Bungalow Villa Hausfrau Hütte Wolkenkratzer Schloß

beobachten schauen unternehmen gucken wahrnehmen besichtigen blicken betrachten

Vergleiche jetzt mit dem Lösungsheft S. 30.
Schreibe dir hier deine Punkte gut

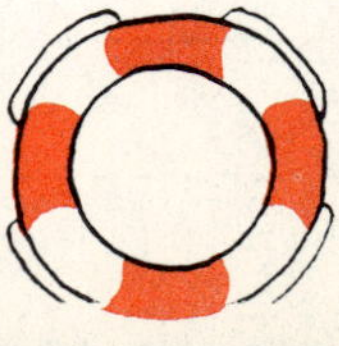

29

Man kann so und so sagen

Entweder so:

Armer Kerl

Am Samstag vor Fasching erwischten sie ihn: Jaromir Veist, Kellner bei der Firma Mull & Krull, seit jeher Junggeselle.
Die eine Hand in der Jackentasche, streckte er die andere, in der er eine Büchse hielt, weit von sich, stellte sich als Bettler vor den Metzgerladen und wartete auf eine Spende. Er hatte keinen Zaster mehr, der arme Kerl. Es reichte nicht einmal mehr für eine gelbe Rübe oder ein paar Erdäpfel. Klauen kam für Jaromir Veist nicht in Frage. Obwohl er mit dem Mietzins arg im Rückstand war.
Jaromir weiß selbst nicht recht, wie alles gekommen ist. Aber plötzlich quasselte ihn ein Polizist an, faselte etwas von „blöd“ und nahm Jaromir mit, – an der Trambahnhaltestelle vorbei, über den Volksfestplatz schnurstracks in Richtung Knast . . .

Oder so:

Armer Bursche

Am Sonnabend vor Karneval faßten sie ihn: Jaromir Veist, Ober bei der Firma Mull & Krull, seit jeher unverheiratet.
Die eine Hand in der Rocktasche, streckte er die andere, in der er eine Dose hielt, weit von sich, stellte sich als Bettelmann vor das Fleischergeschäft und wartete auf eine milde Gabe. Er hatte kein Geld mehr, der arme Bursche. Es reichte nicht einmal mehr für eine Möhre oder ein paar Kartoffeln. Stehlen kam für Jaromir Veist nicht in Frage. Obwohl er mit der Miete arg im Rückstand war.
Jaromir weiß selbst nicht recht, wie alles gekommen ist. Aber plötzlich sprach ihn ein Schutzmann an, redete etwas von „dumm“ und nahm Jaromir mit, – an der Straßenbahnstation vorbei, über den Kirmesplatz geradewegs in Richtung Gefängnis . . .

1 Lies die beiden Geschichten.
Kreuze die Geschichte an, die du am besten verstehst.

Einige Wörter sind sinnverwandt. Stelle sie gegenüber und kreuze dann das Wort an, das dir am geläufigsten ist. Beachte Tip 125.

Tip 125

Im Deutschen werden Wörter verwendet, die gleiche oder ähnliche Bedeutung haben, sinnverwandt sind. Manche Wörter werden oft nur in der Umgangssprache gebraucht oder in einzelnen Gegenden.

○	Samstag	○	Sonnabend
○		○	
○		○	
○		○	
○		○	
○		○	
○		○	
○		○	
○		○	
○		○	
○		○	
○		○	

2 Schreibe die zugehörigen sinnverwandten Begriffe aus der Liste in die Kästchen.
Beachte Tips 126 und 127.

Tip 126

Besonders zwischen dem Norden und dem Süden des deutschen Sprachgebietes bestehen sprachliche Unterschiede und Unterschiede im Wortgebrauch.

Bulldog	Blaukraut
Speicher	Sahne
Krankenhaus	Tischler
Christbaum	Kloß
Lunge	Bulette
Kirchweih	Kren

Traktor	Dachboden	Krankenanstalt

Rahm	Schreiner	Fleischpflanzerl
Kirmes	Knödel	Weihnachtsbaum
Beuscherl	Rotkohl	Meerrettich

Tip 127

Die Bedeutung von Wörtern, die man nicht kennt, erfährt man
a) oft aus dem Sinnzusammenhang,
b) indem man Leute danach fragt,
c) aus Lexika oder Wörterbüchern.

3 Ersetze in den leeren Zeilen jeweils das unterstrichene Wort durch ein in anderen Gegenden gebräuchliches.
Verwende die Wörter der Aufgaben **1** und **2**.
Beachte Tips 126 und 127.

a) Ich möchte gern mal mit einem Traktor fahren.

b) Rotkohl esse ich lieber als Mohrrüben.

c) Gerd wollte Metzger werden, lernt aber Schreiner.

d) Auf dem Kirmesplatz gab es Buletten.

____

____

e) Der Christbaumständer steht auf dem Speicher.

____

____

4 Je zwei Redewendungen bedeuten nahezu das gleiche.
Verbinde sie von Kreis zu Kreis.
Beachte Tip 127.

Du hast ja nicht alle Tassen im Schrank!	(1)	(a)	Ist das aber eine trübe Tasse!
Ist das aber eine lahme Ente!	(2)	(b)	Du sollst dich was schämen!
Hau ab!	(3)	(c)	Rutsch mir doch den Buckel runter!
Du kannst mich mal . . .!	(4)	(d)	Du bist ganz schön bescheuert!
Laß dich doch einglasen!	(5)	(e)	Zupf dich!

5 In einem Wörterbuch finden sich folgende Erklärungen.
Versuche, den gemeinten Begriff zuzuordnen.
Du kannst auch ein Lexikon oder Wörterbuch heranziehen.
Beachte Tip 127.

a) [ ] (umg.*) langer, schlaksiger Bursche

b) [ ] (österr.) Tomate

* (umg. = umgangssprachlich)

c) | | Kind männl. Geschlechts bis etwa zum 15. Lebensjahr; Junge, Bub

d) | | Herzkohl, Welschkohl

e) | | (österr.) Sahne (Schlag-)

f) | | Kurzform für Hospital

g) | | (umg.) pfiffiger, durchtriebener Kerl

h) | | Brötchen

Wirsing	Spital	Knabe	Obers	Lulatsch	Paradeiser
		Semmel	Schlawiner		

6 „Übersetze" diese Sätze so, wie du sie verstehst.
Beachte Tip 128.

Tip 128

Für manche Wörter oder Redewendungen gibt es in der Umgangssprache oder in der Mundart (im Dialekt) besonders kräftige Ausdrücke, die oft nur Eingeweihte verstehen.

a) Die Ferien waren dufte.

____

b) Christoph war Spitze beim Handball.

____

c) Ein Klasse-Girl, die Monika!

d) Der Kuchen war die Wucht!

e) Heute haben wir tolles Wetter.

7 So schimpft man in Bayern.
Kreuze an, welche Schimpfwörter du verstehst.
Stelle eine Liste mit Schimpfwörtern in **deiner Mundart** zusammen.
Beachte Tip 128.

- ☐ Du Gmoadepp!
- ☐ Du Heigeign!
- ☐ Du Lali!
- ☐ Du Falott!
- ☐ Du Leffe!
- ☐ Du Gankerl!
- ☐ Du Kaasloabe!
- ☐ Du Stenz!
- ☐ Du Millipitscherl!
- ☐ Du Drudschn!
- ☐ Du Lackl!
- ☐ Du Batzi!
- ☐ Du Würschterl!
- ☐ Du Gloife!

Vergleiche jetzt mit dem Lösungsheft S. 32.
Schreibe dir hier deine Punkte gut

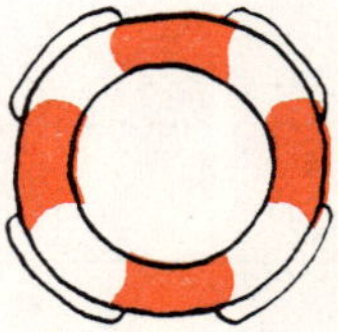

30 So viele Texte in der Zeitung!

A
Geschichten ohne Worte
Dies ist ein erstaunliches Buch. Es ist der Versuch, Kindern die Geschichte von Ole-Martin, einem behinderten Kind, zu erzählen. Ole-Martin ist sechs und kann nicht sprechen. Er kann nur einzelne Laute hervorbringen. Deshalb hat er es viel schwerer als andere Kinder, sich verständlich zu machen, Freunde zu finden, seine Gefühle zu zeigen. Aber er hat Eltern, die ihn immer besser verstehen

MARIT NORDBY
Ole-Martin redet ohne Worte

B
nun auch Weltmeister
4:0-(2:0-)Erfolg über Katar im Endspiel
sid. „Wunder gibt es immer wieder". Getreu diesem ... Deutschen Fußball-Bundes (DFB) mit einem 4:0-(2:0-)Er... meisterschaft in Australien. „Wer uns vor dem Abflug der... verrückt erklärt worden. Jetzt bin ich grenzenlos glü... Chef Egidius Braun, nachdem ... lischen FIFA-Präsidenten Dr
...chützlinge von Er... die Witterungs-Be... „Wüstensöhne" aus ... auf höllisch heiße ... sie auch der Wetter... dessen regnete ... zahlenden Zu... von Sidney ... mit zwei Foul- ... d Wohlfarth ... Anthes (86.) ... pameisters. ... piel", kom- ... die Kon...
Überr... chael Zo... Trainer ... Stammp... Duisburg ... WM-Tor ... im Fina... Treffer ... Younes ... Paraden ... fen Wohl ... die Quer...

C
Vorhersage für das Wochenende
Deutsches Küstengebiet
Mitunter auflockernde, sonst starke Bewölkung und gelegentlich z. T. schauerartiger Niederschlag. Tagestemperaturen um 16 Grad. Mäßiger bis frischer, auf Südwest drehender Wind.

D
Apfelauflauf nach Großmutterart
½ kg säuerliche Äpfel
¾ l Milch
175 g Hartweizengries
200 g Sahnequark
1 Eßlöffel Butter
50 g Zucker
Prise Salz, abgeriebene Zitronenschale
Äpfel schälen, entkernen und in feine Scheiben schneiden. Milch, ... und die Gewürzen. Sobald die ... kocht, Topf vom ...

E
Kenner kau(f)en
- das ist Qualität,

G
Suche kleinen schwarzhaarigen, gutmütigen Mischlingshund (am liebsten Schnauzermischling). ☎779164

F
Heute auf dem Bildschirm
Erstes Programm ARD
10.00 Tagesschau
10.03 Musik ist Trumpf
11.45 Umschau
12.15 Weltspiegel
12.55 Presseschau
13.00 Tagesschau
16.10 Tagesschau
16.15 Schaukelstuhl
17.00 Spaß am Montag

Zweites Programm
10.00 Vorm... progr... Bis 13.1...
16.30 Warum ... glauben ... 5. Ein Mann ...
17.00 Heute
17.10 ...

H
..., wenn ich zur Schule geh'
...räume sind zu klein,
... vierzig Kinder rein,
..., wenn ich zur Schule geh'.

I
Elfjährige von Pkw erfaßt
Hemau (zk). Eine Schädelprellung zog sich am Samstag gegen 15.15 Uhr eine elfjährige Radfahrerin zu, die von der Kirchgasse auf den Oberen Stadtplatz fuhr, ohne die Vorfahrt eines nahenden Pkw zu beachten. Bei dem Zusammenstoß wurde das Mädchen vom Rad gestoßen und auf die Fahrbahn geschleudert. An beiden Fahrzeugen entstand geringer Sachschaden.

J
schweiz. Berg | Spielkarte | europ. Volk | Kfz-Z.: Gelsenkirchen | dt. Schriftsteller | Senkblei | starker Zweig

Tip 129

Fast alle Texte bestehen aus Sätzen. Trotzdem können Texte sehr unterschiedlich aussehen. Es gibt viele Namen für die verschiedenen Texte, z. B. Brief, Einladung, Flugblatt, Fernsehprogramm, Gebrauchsanweisung, Gedicht, Inhaltsangabe, Katalogtext, Kleinanzeige, Kochrezept, Kreuzworträtsel, Lexikonartikel, Notiz, Sportreportage, Werbetext, Wetterbericht, Zeitungsnachricht.

1 Kennst du die Texte aus der Zeitung?
Schreibe auf, wie sie heißen.
Beachte Tip 129.

A = ______________________

B = ______________________

C = ______________________

D = ______________________

E = ______________________

F = ____________________

G = ____________________

H = ____________________

I = ____________________

J = ____________________

2 Ordne die folgenden Texte in solche, die man schon an ihrer auffälligen Form erkennen kann, und solche, die man erst lesen muß, um ihren richtigen Namen zu finden. Die Zeichnungen helfen dir dabei.
Beachte Tip 130.

Tip 130

Manche Texte erkennt man schon „von außen“ (an auffälligen Merkmalen), ohne sie lesen zu müssen, bei anderen muß man erst den Inhalt kennen, um sie richtig benennen zu können.

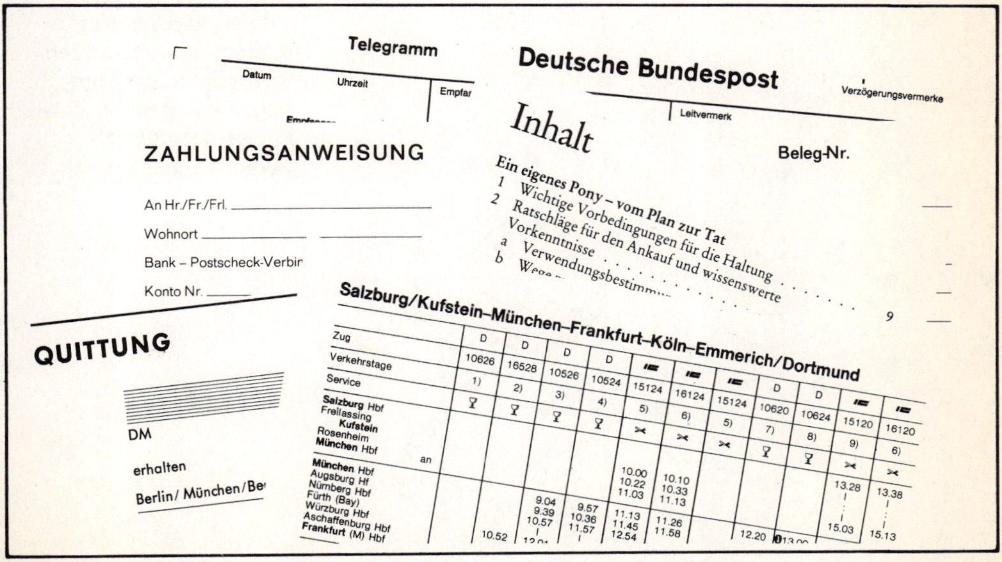

Inhaltsverzeichnis, Sachbuchtext, Glückwunschkarte, Fahrplan, Tiergeschichte, Krimi, Formular, Telegramm, Abenteuererzählung, Stundenplan, Reisebericht

schon an der Form zu erkennen	nur am Inhalt zu erkennen

3 Überlege bei den folgenden Texten, ob sie vorwiegend mündlich oder vorwiegend schriftlich gebraucht werden. Ziehe von jedem Wort eine Verbindungslinie zu einem der beiden Zeichen. Beachte Tip 131.

Tip 131

Man kann zwar alle Texte aufschreiben, trotzdem sind manche Texte ursprünglich für den mündlichen Gebrauch (zum Sprechen) gedacht, andere für den schriftlichen Gebrauch (zum Lesen).

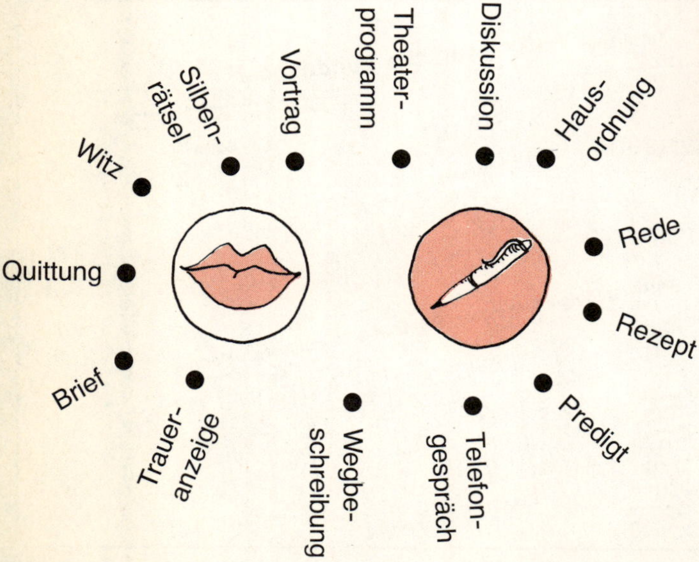

4 Aus welchen Textarten der Aufgaben **1–3** stammen die folgenden Ausschnitte?
Trage jeweils die richtige Bezeichnung der Textart ein.
Beachte Tip 132.

Tip 132

Bei manchen Texten findet man eine bestimmte Art der Sprache, z. B. einen typischen Anfang, Schlußformeln, gleichbleibende Wendungen.

Es war einmal . . . Märchen

Man nehme 1 Pfund . . .

Die Temperaturen liegen morgen zwischen . . .

Plötzlich und unerwartet verließ uns . . .

Mit freundlichen Grüßen . . .

Hundekorb billig abzugeben

. . . ist strengstens untersagt

Obigen Betrag dankend erhalten . . .

Sehr geehrter Herr . . .

Zum einmaligen Preis von . . .

Und wenn sie nicht gestorben sind . . .

5 Wozu sind Texte da? Überlege für jede der folgenden Gruppen eine passende Überschrift. Ordne dann die Texte aus dem Kasten in die freien Zeilen.
Beachte Tip 133.

Tip 133

Es gibt unterschiedliche Antworten auf die Frage, wozu Texte da sind, z. B. um die Leser zu unterhalten, um Auskunft zu geben, um zu belehren, um die Leser zu etwas aufzufordern.

Wetterbericht Einladung Witz
Gespenstergeschichte
Inhaltsverzeichnis
Preisausschreiben

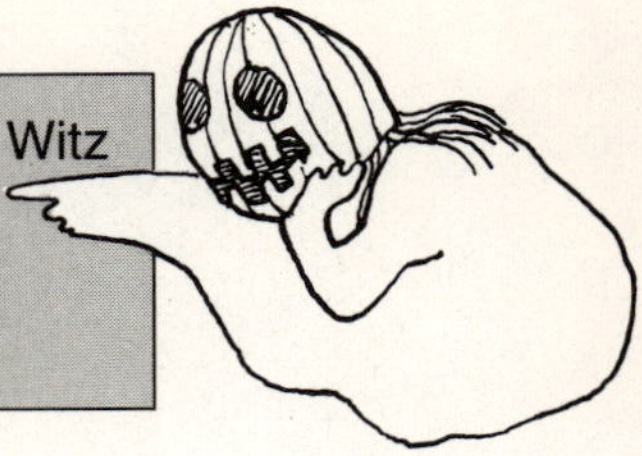

Diese Texte ______________________________

Fahrplan Telefonbuch

Notizzettel Zeitungsnachricht

______________________ ______________________

Diese Texte ______________________________

Gedicht Märchen

Comic Detektivgeschichte

______________________ ______________________

Diese Texte ______________________________

Werbetext Spendenaufruf

Kleinanzeige Mahnung

______________________ ______________________

6 Suche unter den Texten der Aufgaben **1–5** die richtigen Antworten auf die folgenden Fragen.

Welcher Text sagt,

– wie lange das Gemüse kochen muß? ____________________

– wann der nächste Bus fährt? ____________________

– welche Arznei der Patient bekommen soll? ____________________

– wie warm es morgen sein wird? ____________________

– was du dir von der Tante zum Geburtstag wünschst? ____________________

– wie die Kinder das Gespenst verjagt haben? ____________________

– was im Treppenhaus verboten ist? ____________________

– wie der Rasenmäher eingeschaltet wird? ____________________

7 Welche Texte haben sich in folgendem Abschnitt versteckt?

Wie wir von unserem Berichterstatter im Wald erfahren, wurde bereits im Laufe der vergangenen Woche das kleine Häuschen einer alleinstehenden alten Frau erheblich beschädigt, indem Teile des Hauses als Nahrung verwendet wurden. Bei den Tätern soll es sich um einen Buben und ein Mädchen im Kindesalter handeln. Die Kinder sollen vorher etliche Tage im Wald herumgeirrt sein. Der lange Aufenthalt im Wald war nur möglich, weil die Kinder HÄNSLI-Flocken als Nahrung bei sich hatten. Nehmen auch Sie immer HÄNSLI-Flocken auf lange Wanderungen mit! HÄNSLI-Flocken für alle Fälle! HÄNSLI-Flocken zum Überleben!

Die Textmischung besteht aus ____________________

____

____

Vielleicht versuchst du selbst, aus verschiedenen Texten einen neuen Text zu machen, z. B. aus einem Wetterbericht und einer Kleinanzeige, aus einem Telegramm und einem Gedicht oder aus einer Glückwunschkarte und einem Kochrezept.

Vergleiche jetzt mit dem Lösungsheft S. 33.
Schreibe dir hier deine Punkte gut

31 Zwischenbericht III

Die Wort- und Satzbaustelle ist bald keine Baustelle mehr.
In wenigen Tagen ist der Bau fertig, an dem du eifrig mitgearbeitet hast.
Allerhand Vorbereitungen zur Einweihungsfeier
der neuen Grundschule in Eulenhausen werden getroffen.
Aber da gibt es einiges zu verbessern: zu streichen, was falsch ist,
und einzusetzen, wo noch Lücken sind.
In den zehn Aufgaben ist dies insgesamt 39mal der Fall.

1

Vier Schülervorschläge für ein Schriftband:

2

Im Entwurf der Rede des Herrn Bürgermeisters
fehlen noch die Einleitewörter der Gliedsätze:

„Eulenhausen brauchte ein neues Schulhaus, ____________ das alte zu klein geworden war. ____________ wir von den hohen Baukosten hörten, hatten wir zunächst große Sorgen. Nun aber freuen wir uns, ____________ wir es geschafft haben. Ich bin gespannt, ____________ die Schulkinder ihre neue Schule gut pflegen."

3 Im Alltag werden häufig solche Wörter gebraucht. Der Bürgermeister dürfte sie in seiner Ansprache zum Beispiel nicht verwenden.
Schreibe passendere Wörter als

abhauen ______________________ blöd ______________________

Moneten ______________________ klauen ______________________

irre schön ______________________ pennen ______________________

4 Unter dem Foto, das ein Zeitungsreporter von dem neuen Gebäude anfertigte, steht:

Es könnte nicht übertrieben sein, wenn man das neue Schulhaus von Eulenhausen als hervorragen gelungen bezeichnet.

5 Einige Kinder denken sich aus, welche Wörter sich mit „-Schul(e)-“ zusammensetzen lassen:

Gemeinde Tag Grund Tasse Bus Zeug Affe Tasche

Landheim Fahrt Schneckenpost Leiterin Buch Findling

6 Wo steht

– die Telefonnummer der Baufirma?

– ein Bericht über die Einweihungsfeier?

– eine lustige Geschichte zum Vorlesen?

– die Abfahrtszeit der Linienbusse?

– die Verteilung der Unterrichtsstunden?

– wie das neue Videogerät funktioniert?

7 Ein Lied für die Einweihungsfeier wird einstudiert.
Rosa schrieb den Text der ersten Zeilen der vier Strophen so:

1. Ins Schulhaus, was nun fertig ist, . . .
2. Der Architekt, das dies geplant, . . .
3. Die Bauleut', die hier zugepackt, . . .
4. Ein jeder, welche dies geseh'n, . . .

8 Man kann sagen, daß . . .

. . . die Bauarbeiter schwer ____________________ haben,

. . . mit einer Verzögerung des Baubeginns ____________________ werden mußte,

. . . viel Schweiß bei allen Arbeitern ____________________ ist.

9 Der Rektor notiert sich passende Wörter für

„schön“	„Schulhaus“	„gescheit“
herrlich	Gebäude	klug
bekömmlich	Lehrerhaus	aufgeweckt
anmutig	Kaserne	intelligent
erhaben	Lernhaus	gebildet

10 Für die Einweihungsfeier werden Einladungskarten gedruckt:

Am kommen Freitag um 14 Uhr
wird die frische Grundschule ihrer
Bestimmung übergeben.
Gemeinderat und Schulleitung geehren
sich, die Bevölkerung von Eulenhausen
zur Einweihung in die Aula
sehr herzhaft einzuladen.
Die Festaussprache hält Herr Architekt
Paul Planer,
die auch Farbdias über modernen
Schulhausbau zeigen wird.

Vergleiche jetzt mit dem Lösungsheft S. 33.
Schreibe dir hier deine Punkte gut

32 Auch kluge Köpfe schütteln manchmal den Kopf

Kopf an Kopf stehen die Leute auf dem Bahnsteig und warten auf den Zug. Endlich fährt er in den Kopfbahnhof ein. Am Kopf des Zuges befindet sich der Wagen mit dem Abteil der 1. Klasse. Hier steigt Herr Großkopf ein, Kopf der Firma Wichtig & Co. Er legt seine Kopfbedeckung ins Gepäcknetz, holt aus der Tasche ein Radio mit einem Kopfhörer, der nicht viel größer ist als ein Stecknadelkopf, und hört die Übertragung des Spiels der beiden Spitzenmannschaften, die sich ein Kopf-an-Kopf-Rennen um den ersten Platz liefern. „Diese Schwachköpfe!" ruft Herr Großkopf mit rotem Kopf, „ein Kopfballtor gegen unsere Mannschaft! Da kann man ja Kopfschmerzen bekommen!" Verzweifelt greift er sich an den Kopf und lehnt sich gegen die Kopfpolster seines Sitzes. Aus seinem Aktenkoffer zieht er einen Briefbogen und schreibt groß auf den Briefkopf: An den Präsidenten des Fußballclubs!

1 In obigem Text kommt das Wort „Kopf" sehr oft vor. Rahme alle Stellen ein, in denen „Kopf" in einer übertragenen Bedeutung steht. Beachte Tip 134.

Tip 134

Viele Wörter unserer Sprache haben neben ihrer ursprünglichen noch eine übertragene Bedeutung. Übertragene Bedeutungen erinnern oft bildhaft an den eigentlichen Wortsinn.

2 Nicht nur der Kopf, auch andere Körperteile können übertragene Bedeutungen haben. Überlege, bei welchen Dingen man von den gezeichneten Körperteilen spricht, und schreibe jeweils vier Namenwörter zum passenden Bild.

Würfel
Blume

Fluß
Salat

Wegweiser
Suppe

Kartoffel
Leuchter

Nagel
Kartenspiel

Schraube
Kleid

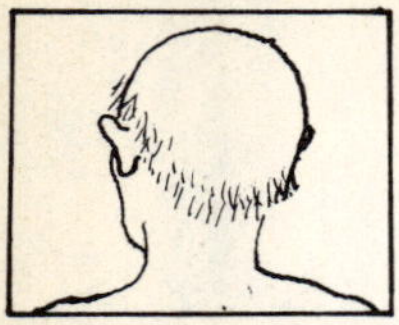

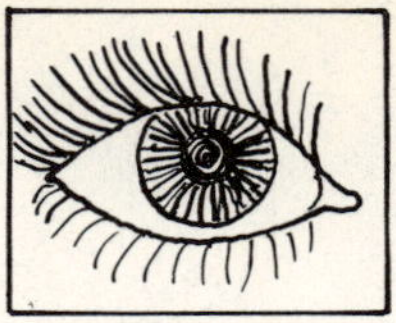

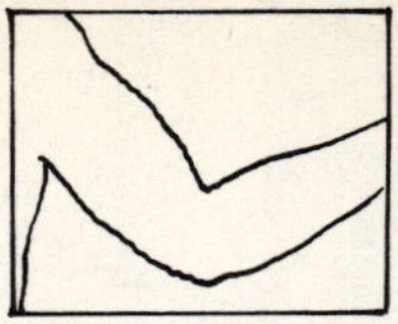

Denkmal
Buch

Hose
Nase
Tisch

Hand
Lampe
Schwimmstil

Berg
Stuhl

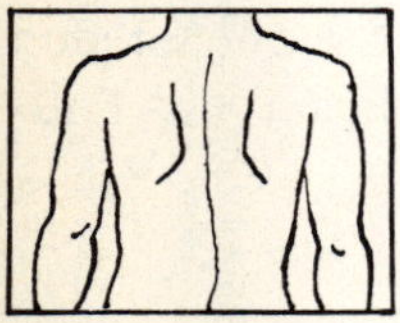

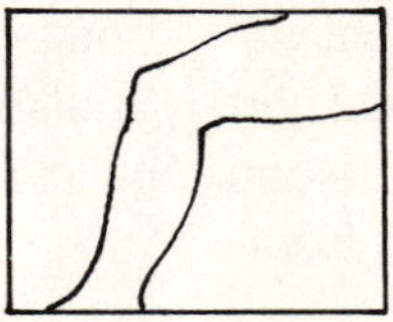

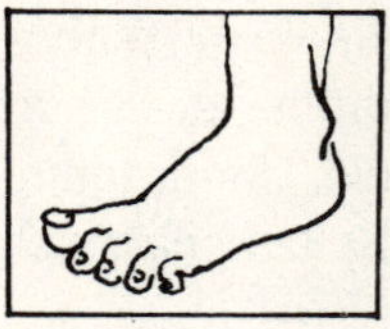

Tip 135

In Rätseln, Witzen und Scherzfragen wird oft die wörtliche (ursprüngliche) und die bildhafte (übertragene) Bedeutung eines Wortes bewußt vertauscht.

3 Suche aus dem Rätsel *und* den beiden Witzen die Wörter heraus, die zwei Bedeutungen haben, und schreibe sie in die Kästchen.
Beachte Tip 135.

a) Es hat einen Rücken und kann nicht liegen,
zwei Flügel hat's und kann nicht fliegen,
es hat ein Bein und kann nicht stehn,
laufen kann es, doch nicht gehn.

b)

4

Versuche, die folgenden Scherzfragen zu beantworten.
Das Bild hilft dir dabei.
Beachte Tip 135.

Welche Krone paßt keinem König? ______

Welchen Hals braucht man nicht zu waschen? ______

Welcher Stuhl hat keine Beine? ______

Welcher Mann lebt nur im Winter? ______________________

Mit welchem Ohr kann man nicht hören? ______________________

In welchem Bett gibt es kein Kopfkissen? ______________________

Welche Mütze kann man sich nicht aufsetzen? ______________________

Tip 136

Besonders in Redensarten werden viele Wörter in ihrer bildhaften Bedeutung verwendet.

5 Kennst du die Redensarten, die hier ins Bild gesetzt sind?
Schreibe sie auf.
Beachte Tip 136.

jemanden ______________________

____

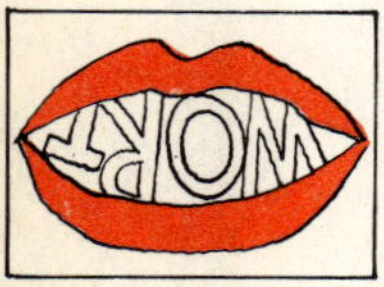

____

____

____

____

____

____

6 Ordne die richtige Bedeutung der Redensart zu, indem du Verbindungslinien von Punkt zu Punkt zwischen Redensarten und Bedeutungen ziehst.

	Redensart	Bedeutung	
a)	kein Blatt vor den Mund nehmen	absichtlich falsch verstehen	1
b)	das Wort im Mund umdrehen	nichts sehen wollen	2
c)	von der Hand in den Mund leben	jemanden anhaltend ärgern	3
d)	nicht auf den Mund gefallen sein	streiten	4
e)	wie die Faust aufs Auge passen	nachdenken	5
f)	beide Augen zudrücken	schlagfertig sein	6
g)	sich in den Haaren liegen	alles sagen	7
h)	sich keine grauen Haare wachsen lassen	leben, ohne zu sparen	8
i)	jemandem auf dem Kopf herumtanzen	nicht zusammenpassen	9
j)	den Kopf in den Sand stecken	plötzlich unvernünftig handeln	10
k)	sich den Kopf zerbrechen	sorglos sein	11
l)	den Kopf verlieren	sehr großzügig sein	12

Vergleiche jetzt mit dem Lösungsheft S. 34.
Schreibe dir hier deine Punkte gut

33 Jetzt bin ich Wort- und Satzbaumeister

Wort- und Satzbaumeister kennen sich in der Welt der Sprache aus.

A) Sie wissen, daß es verschiedene **WORTARTEN** gibt.

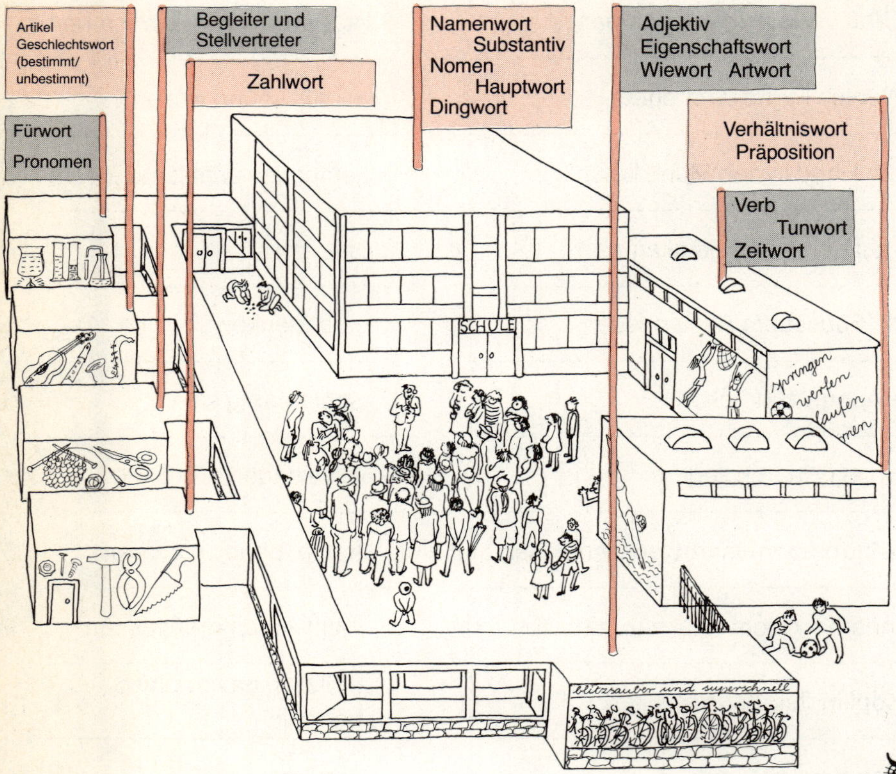

Tip 137

In der Sprachlehre gibt es viele Bezeichnungen, die das gleiche meinen.

1 Bestimme in folgenden Sätzen die Wortarten. Trage die richtige Bezeichnung ein.

Viele Gäste kommen zu der Einweihung.

Der Bürgermeister hält eine lange Ansprache.

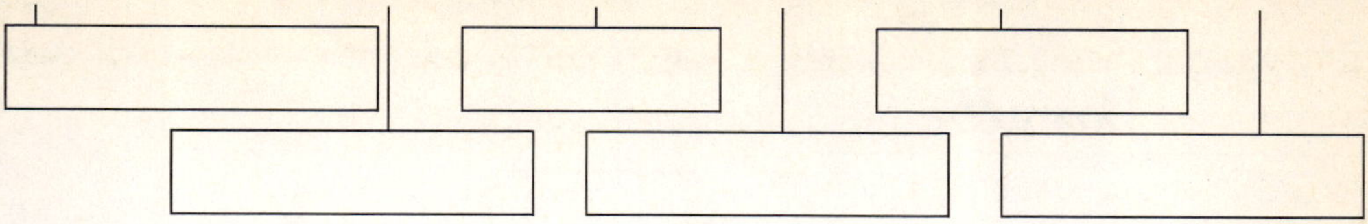

B) Wort- und Satzbaumeister wissen über WORTBESTANDTEILE Bescheid.

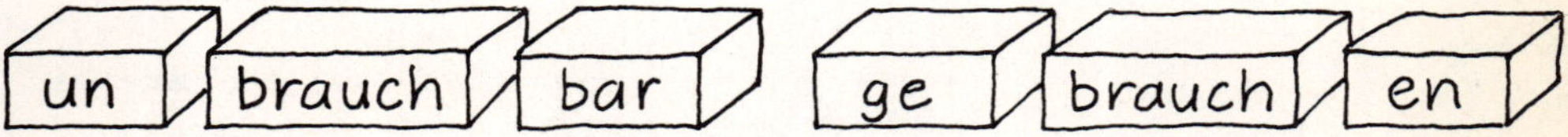

Vor-silbe | Wort-stamm | Nach-silbe | Vor-silbe | Wort-stamm | Endung

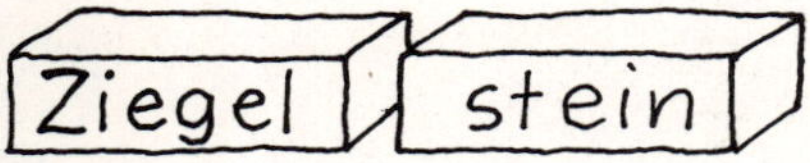

= Ziegelstein

Bestimmungs-wort + Grund-wort = zusammengesetztes Namenwort

2 Fülle die Lücken aus.

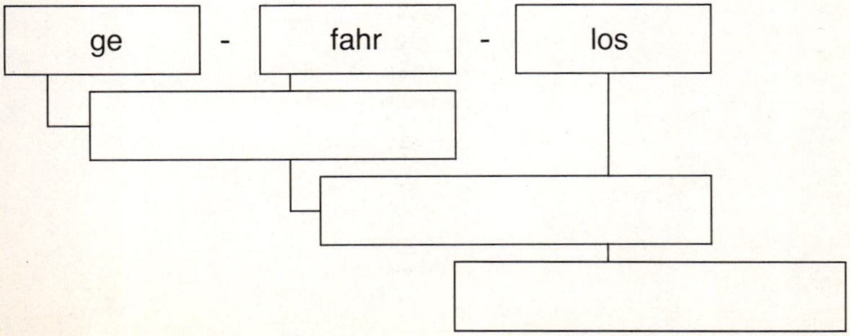

setz

Vorsilbe

Nachsilbe

Tip 138

Vor- und Nachsilben zur Auswahl:
ver- er- ent- zer- be-
-lich -sam -bar

Du wäsch ☐ dich

Endung

Ihr ☐ t schnell

Wortstamm

Tip 139

Wortstämme und Endungen zur Auswahl:
geh- lauf- spring-
-st -t -en

C) Wort- und Satzbaumeister wissen, daß Verben in verschiedenen ZEITSTUFEN stehen können.

3 Fülle die Lücken aus.

	1. Vergangenheit	vollendete Gegenwart	Gegenwart	Zukunft
er			kehrt	
sie	lief			
wir				werden turnen
du		bist gekommen		

D) Wort- und Satzbaumeister wissen, daß Namenwörter in vier FÄLLEN stehen können.

4 Trage das richtige Fragewort ein.

? ? ?

Dem Meister bringt der Lehrling das Maßband.

? ? ?

Der Plan des Architekten gefällt der Gemeinde

E) Wort- und Satzbaumeister wissen, daß es verschiedene **SATZARTEN** gibt.

5 Bilde mit diesen Wörtern Sätze der angegebenen Satzart.

HOLE AUS DU DEM DIE
SCHAUFEL SCHNELL HOLST AUTO

Fragesatz: ______________________________

____

Aussagesatz: ______________________________

____

Aufforderungssatz: ______________________________

____

F) Wort- und Satzbaumeister wissen über die **SATZTEILE** Bescheid.

Satzgegenstand Subjekt	Satzkern Satzaussage Prädikat	Angaben Zeit / Ort	Satzergänzung Objekt

Die Kinder	singen	zum Schluß im Hof	ein Lied.

6 Fülle die Lücken aus.

Vor ________ übergibt der Bürgermeister dem Rektor

Ortsangabe

____

Satzergänzung

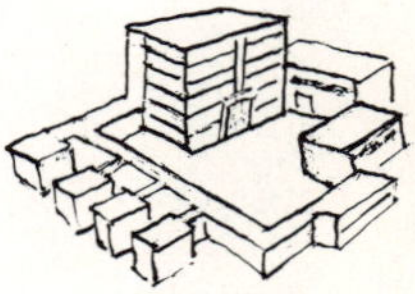

Gefällt dir ________ ?

Satzgegenstand

7 Kinder unterhalten sich über den Wert der Sprachlehre.
Kreuze an, was du für richtig hältst.

Vergleiche jetzt mit dem Lösungsheft S. 35.
Schreibe dir hier deine Punkte gut

Inhalt

Erklärung von Fachausdrücken der Sprachlehre, die in diesem Buch vorkommen

Adjektiv	Wortart, drückt aus, wie etwas ist *(Das schöne Buch);* anderer Ausdruck: → Artwort, Eigenschaftswort, Wiewort
Akkusativ	Wen-Fall *(den Freund)*
Aktiv	Form des Verbs, anderer Ausdruck: → Tatform
Angaben	Satzteile, auch Umstandsangaben genannt, nennen Zeit *(heute),* Ort *(hier),* Art und Weise *(laut),* Begründung *(vor Freude)*
Artikel	Wortart, anderer Ausdruck: → Begleiter, Geschlechtswort
Artwort	Wortart, anderer Ausdruck: → Adjektiv, Eigenschaftswort, Wiewort
Aufforderungssatz	Satzart *(Komm her!)*
Ausrufesatz	Satzart *(So ein Wetter!)*
Aussagesatz	Satzart *(Ich lese ein Buch.)*
Begleiter	Wortart, kann vor dem Namenwort stehen; es gibt bestimmte B. *(der Mann, die Frau, das Buch)* und bestimmte B. *(ein Mann, eine Frau);* anderer Ausdruck: → Artikel, Geschlechtswort
Bestimmungswort	Wortbestandteil, erster Teil des zusammengesetzten Namenwortes *(Übungsbuch)*
Bindewort	Wortart, verbindet Wörter oder Sätze *(und, weil)*
Dativ	Wem-Fall *(dem Freunde)*
Dingwort	Wortart, anderer Ausdruck: → Namenwort, Hauptwort, Substantiv
Eigenschaftswort	Wortart, anderer Ausdruck: → Adjektiv, Wiewort, Artwort
Endung	Wortbestandteil, letzter Teil des Verbs, wird an den Wortstamm gehängt *(ich les-e, wir les-en)*
Fragesatz	Satzart, als Entscheidungsfrage *(Weißt du es?)* oder als Ergänzungsfrage *(Wer weiß es?)*
Fürwort	Wortart, kann stellvertretend für ein Namenwort stehen *(Ich habe das Buch gelesen; es war schön.);* anderer Ausdruck: → Pronomen
Genitiv	Wessen-Fall *(des Freundes)*
Gegenwart	Zeitstufe des Verbs *(Ich lese jetzt.);* anderer Ausdruck: → Präsens
Geschlechtswort	Wortart, anderer Ausdruck: → Begleiter, Artikel
Gliedsatz	Teil des Satzgefüges, abhängig vom Hauptsatz *(Ich schenke dir ein Buch, weil du mein Freund bist.)*
Grundwort	Wortbestandteil, zweiter Teil des zusammengesetzten Namenwortes *(Übungsbuch)*
Grundzahl	→ Zahlwort *(zwei)*
Hauptwort	Wortart, anderer Ausdruck: → Namenwort, Dingwort, Substantiv
Imperfekt	Zeitstufe des Verbs, anderer Ausdruck: → 1. Vergangenheit, Präteritum
Leideform	Form des Verbs, Gegenteil von Tatform, sieht das Geschehen im Satz vom Betroffenen aus *(Die Zeitung wird gelesen.);* anderer Ausdruck: → Passiv

Mittelwort	Wortart, zwischen Verb und Adjektiv, als Mittelwort der Gegenwart *(ein lachendes Gesicht)* oder als Mittelwort der Vergangenheit *(der gefundene Schatz)*
Nachsilbe	Wortbestandteil, letzter Teil mancher Adjektive *(freundlich)* oder Namenwörter *(Klugheit)*
Namenwort	Wortart, bezeichnet Menschen *(Mutter),* Tiere *(Frosch),* Pflanzen *(Baum),* Dinge *(Stein),* Gedankendinge *(Freude);* anderer Ausdruck: → Hauptwort, Dingwort, Substantiv
Nominativ	Wer-Fall *(der Freund)*
Objekt	Satzteil, anderer Ausdruck: → Satzergänzung
Ordnungszahl	→ Zahlwort *(der zweite Platz)*
Passiv	Form des Verbs, anderer Ausdruck: → Leideform
Perfekt	Zeitstufe des Verbs; anderer Ausdruck: → 2. Vergangenheit
Prädikat	Satzteil, anderer Ausdruck: → Satzkern, Satzaussage
Präposition	Wortart, anderer Ausdruck: → Verhältniswort
Präsens	Zeitstufe des Verbs, anderer Ausdruck: → Gegenwart
Präteritum	Zeitstufe des Verbs, anderer Ausdruck: → 1. Vergangenheit, Imperfekt
Pronomen	Wortart, anderer Ausdruck: → Fürwort
Satzaussage	Satzteil, anderer Ausdruck: → Satzkern, Prädikat
Satzergänzung	Satzteil, wird von vielen Verben benötigt, damit ein vollständiger Satz entsteht, kann in verschiedenen Fällen stehen *(Ich gebe dir das Buch.);* anderer Ausdruck: → Objekt
Satzgegenstand	Satzteil, Namenwort oder Fürwort im Wer-Fall *(Ich gebe dir das Buch. Mein Freund hilft mir.);* anderer Ausdruck: → Subjekt
Satzgefüge	Verbindung von Hauptsatz und abhängigem Gliedsatz *(Ich schenke dir das Buch, weil du mein Freund bist.)*
Satzkern	Satzteil, das Verb als wichtigstes Glied im Satz *(Mein Freund hilft mir.);* anderer Ausdruck: → Satzaussage, Prädikat
Satzverbindung	Aneinanderreihung von Hauptsätzen mit oder ohne Bindewort *(Du spielst,* (und) *ich lese ein Buch.)*
Subjekt	Satzteil, anderer Ausdruck: → Satzgegenstand
Substantiv	Wortart, anderer Ausdruck: → Namenwort, Hauptwort, Dingwort
Tatform	Form des Verbs, Gegenteil von Leideform, sieht das Geschehen im Satz vom „Täter" aus *(Der Vater liest die Zeitung.);* anderer Ausdruck: → Aktiv
Tunwort, Tuwort	Wortart, anderer Ausdruck: → Verb, Zeitwort
Umstandsangaben	Satzteile (→ Angaben), nennen Zeit, Ort, Art und Weise
Verb	Wortart, bezeichnet eine Tätigkeit *(lesen),* einen Vorgang *(regnen)* oder einen Zustand *(liegen);* anderer Ausdruck: → Zeitwort, Tunwort, Tuwort
Vergangenheit	Zeitstufe des Verbs, als 1. Vergangenheit *(Ich las gestern.)* (anderer Ausdruck: → Imperfekt, Präteritum) oder als 2.Vergangenheit *(Ich habe das Buch gelesen.)* (anderer Ausdruck: → Perfekt)

Verhältniswort	Wortart, steht vor einem Namenwort, drückt aus, wie sich Menschen oder Dinge zueinander verhalten *(Das Buch liegt auf dem Tisch. Ich stehe an der Tür.);* anderer Ausdruck: → Präposition
Vorsilbe	Wortbestandteil, erster Teil mancher Verben *(verlesen),* Adjektive *(unheimlich)* oder Namenwörter *(Entfernung)*
Wiewort	Wortart, anderer Ausdruck: → Adjektiv, Eigenschaftswort, Artwort
Wortfamilie	Gruppe stammverwandter Wörter *(lesen, unleserlich, vorlesen, Lesebuch, ...)*
Wortfeld	Gruppe sinnverwandter Wörter *(lachen, kichern, grinsen, ...)*
Wortstamm	Wortbestandteil des Verbs. Du erhältst ihn, wenn du Vorsilbe und Nachsilbe wegstreichst *(ge/les/en).*
Zahlwort	Wortart, als bestimmtes Zahlwort *(drei Seiten)* oder unbestimmtes Zahlwort *(einige Seiten),* es gibt Grundzahlen *(zwei)* und Ordnungszahlen *(der zweite Platz)*
Zeitwort	Wortart, anderer Ausdruck: → Verb, Tunwort, Tuwort
Zukunft	Zeitstufe des Verbs *(Ich werde morgen lesen.)*